U0750154

杭州市钱江新城建设发展二十周年
统计汇编册

Hangzhou CBD Twenty-Year Statistics Compilation

杭州市钱江新城建设管理委员会 编

浙江工商大学出版社
ZHEJIANG GONGSHANG UNIVERSITY PRESS
·杭州·

卷首语

2000 年，杭州市委市政府提出实施"城市东扩，旅游西进，沿江开发，跨江发展"战略，进一步拓展城市发展空间；2001 年 7 月 1 日，杭州大剧院的破土兴建吹响了钱江新城建设的第一声号角，钱江新城正式开工建设，杭州由此从"西湖时代"迈向"钱塘江时代"；2016 年，G20 杭州峰会的召开让钱江新城进入了全世界人民的视野，钱江新城和杭州站在了世界舞台的中央；2017 年，杭州提出"拥江发展"战略，钱江新城实现了由"跨江发展"向"拥江发展"的大跨越；2021 年，钱江新城建设发展已有整整二十周年，她精彩蝶变，焕然一新，成为杭州献给世界的经典之城。

二十年来，经过多任新城人的拼搏和奋斗，钱江新城已然完成了从江边滩涂到 CBD 的华丽转身，杭州城市格局由"三面云山一面城"演变为"一江春水穿城过"，钱江新城的建设成为杭州建设史上的一个标杆。在钱江新城建设十周年时，杭州市钱江新城建设管理委员会（下称"钱江新城管委会"）编辑出版了《杭州市钱江新城建设发展十周年统计汇编册》，该汇编册详细记载了钱江新城 2001 年至 2010 年间各类建设发展成果。十年弹指一挥，钱江新城管委会迎来了成立二十周年纪念。二十年来，钱江新城焕然一新，如今的钱塘江两岸，"七星璀璨"与"日月同辉"遥相呼应，把婉约的江南韵味和勇立潮头的浙江精神融为一体。二十年来，钱江新城管委会任劳任怨，无数的"老兵"和"新兵"奋战在钱江两岸，延续着钱江新城的魅力。在钱江新城开工建设二十周年之际，钱江新城管委会编辑出版本汇编册，为各位关心和期待钱江新城未来的读者呈现一座魅力之城、理想之城。

本汇编册共计五编：第一编为"弦歌二十年"，记录了与时俱进的新城建设，从新城历史与发展、二十年大事记等着手，展现新城建设二十年来的风风雨雨；第二编为"流馨二十年"，展现了大放异彩的新城风貌，从钱江新城战略地位、影像合集、管理成效出发，将一个焕然一新的钱江新城逐渐呈现；第三编为"辉煌二十年"，记载着硕果累累的新城建设成果，包含政府项目、社会项目、城市规划、征地拆迁以及地下空间的建设情况，钱江新城的整体发展和面貌一览无余；第四编为"迈入新时代"，将无限可期的新城未来发展规划娓娓道来，展望了拥江发展战略和湘湖·三江汇未来城市先行实践区建设带来的未来城市；第五编为"致敬廿载情"，新城的发展离不开每一位可亲可敬的新城建设者，那些默默无闻、艰苦奋斗的新城人终将留下或轻或重的痕迹，为钱江新城的建设添光增色，这一编记录了二十年来新城干部队伍的建设情况、组织机构情况以及新城人获得的主要荣誉。

城市有兴衰，技术有迭代，唯有自然可以永续，唯有文化可以永恒，唯有真正的家园才可以成为安放心灵的地方。二十载的努力让钱江新城成为杭州的 CBD，在未来一个又一个二十年里，钱江新城管委会将不负殷殷嘱托，将魅力江南永续。我们也坚信，在党和各级政府的领导和关怀下，杭州的明天会更好。

杭州市钱江新城建设管理委员会

2021 年 6 月

目 录

第一编

弦歌二十年 | 与时俱进的新城建设时代

- 历史与发展
- 二十年大事记

1.1 历史与发展

1.1.1 历史背景

图 1-1 钱江新城今貌

　　杭州作为浙江省的省会，是全省政治、经济、文化和科教的中心，其中西湖一直是杭州的名片。在"西湖时代"，杭州的建设中心围绕着西湖，但由于人口的急剧增长和经济的快速发展，城市中心的土地利用强度过大，对城市的建设和规划提出了新的要求。因此，在世纪之交，为适应杭州城市现代化的要求，杭州市委市政府提出了"沿江开发、跨江发展"的战略目标，从"拆旧城，建新城"的发展模式过渡到"保老城，建新城"的发展新模式，将杭州的城市建设中心转移到钱塘江两岸。杭州城市建设由此从"西湖时代"迈向"钱塘江时代"。2017 年，杭州提出"拥江发展"战略目标，着眼杭州全市域，聚焦钱塘江主轴，努力把钱塘江沿线建设成为"独特韵味，别样精彩"的世界名城。钱江新城紧跟时代发展的脚步，致力于实现由"跨江发展"向"拥江发展"的大跨越。

　　钱江新城开工建设之前，这里只是一块荒芜的滩涂。2001 年，杭州大剧院破土兴建，以此为起点，钱江新城的发展按下了"快进键"，一座座楼宇拔地而起，逐渐成为新城亮眼的风景。新城的建设者遵照"高起点规划、高标准建设、高强度投入、高效能管理"的方针，立足于杭州，放眼全世界，汲取国内外同类工程建设的经验和教训，持之以恒地打造一座影响力堪比西湖自然风光的现代化新城。2008年，钱江新城正式开城，在全市人民面前精彩亮相，别具特色的建筑引人瞩目，被人们定格在了照片之中。2016年，B20峰会在钱江新城召开，意味着钱江新城进入了全世界人民的视野，向全世界人民展示了杭州这座具有浓厚东方文化特色的国际都市，推动杭州站在了新的历史起点上。经过新城人二十多年的拼搏和奋斗，钱江新城已然完成了从江滩菜地到中央商务区的华丽转身，杭州城市格局由"三面云山一面城"演变为"一江春水穿城过"，钱江新城成为杭州建设史上的一个标杆。

图 1-2 钱江新城鸟瞰

经过二十多年的建设，钱江新城实现了"杭州 CBD，天堂新地标，服务业主平台"的建设目标。在交通组织上，钱江新城的公共交通四通八达，轨道交通方便快捷，奠定了 CBD 繁华的基础，尤其是地下空间、空中连廊已成为城市的重要组成部分；在功能布局上，钱江新城集聚了全省数量最多、规格最高、门类最全的金融机构和企业，成为进行现代化都市经济活动最为频繁的地区，有力地增强了杭州的城市集聚和辐射功能；在生态环境上，钱江新城绿地坚持"以人为本，以活动为中心"的理念，不仅充分利用河道及沿江自然景观打造现代、大气的城市开放空间，还规划了多处大型集中绿地公园，符合习近平总书记提出的"创新、协调、绿色、开放、共享"五大发展理念，成为钱江新城的特色之一。如今，钱塘江岸已经形成了现代化的大都市，而且是一座集行政、商务、金融贸易、信息会展、文化旅游、居住六大功能于一体的城市新中心，更是新世纪杭州的一张金名片。

1.1.2 规划范围

钱江新城位于钱塘江北岸，距西湖风景区约 4.5 千米，距萧山国际机场 18.3 千米，距杭州火车城站 3 千米，火车东站 5 千米，面临江面宽度达 1000 米的钱塘江。规划总面积为 20.98 平方千米，规划建筑面积约 2000 万—2500 万平方米，规划人口为 25 万。钱江新城一期规划范围东临钱塘江、南至复兴大桥、西至秋涛路、北至钱江二桥和艮山西路，总面积达 15.8 平方千米，其中由秋涛路、庆春东路、清江路和钱塘江围成的地带为钱江新城核心区，面积为 4.02 平方千米；二期规划范围为东至九田路—和睦港、北至艮山东路、西至钱江二桥、南至钱塘江，总面积达 5.2 万平方千米。如图 1-3 所示。

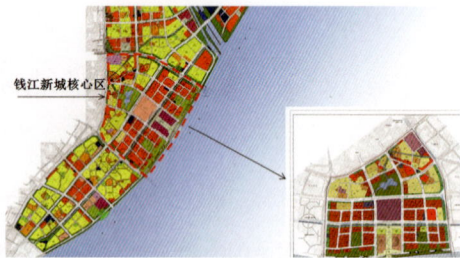

图 1-3 钱江新城核心区示意图

1.1.3 建设与发展

历经二十载风云变幻，杭州从"西湖时代"跨入"钱塘江时代"，钱江新城杭州城市新地标，杭州国际化新中心。钱江新城的建设始终坚持"高起点规划、高标准建设、高强度投入、高效能管理"四大方针，借鉴国内外优秀中央商务区规划建设经验，有效推动了杭州市城市空间布局向东转移。如今，钱江新城已成为杭州金融、总部基地，成为商贸繁华之地，也是浙江与杭州独具特色的金名片。

钱江新城实现"跨越式"大发展

钱江新城抓紧"沿江开发，城市东扩"契机，以钱江新城核心区为发展主平台，推动区域经济稳中向好发展，质量效益持续提升。历年来，不论是在总量上还是增幅上，钱江新城的财政收入均居于全区第一。招商引资策略由"填空题"转向"选择题"，密切对接国内外知名企业，促使其总部落户钱江新城，逐步实现政府、新城、投资商多赢局面。

- ж 楼宇经济发展迅猛：楼宇数量不断增加，建筑面积不断扩大，楼宇产税占财政总收入的比重不断提高。
- ж 引资引智趋向高潮：总投资 1500 多亿元，其中政府投资 500 多亿元，入驻各类企业 3584 余家，企业总部 60 余家，金融机构 50 余家。
- ж 重点平台打造，产业聚集效应凸显：形成集金融服务、信息科技、专业服务、现代商贸、文化创意、大健康为一体的特色产业。
- ж 土地价值大幅提高：写字楼、住宅的价值成倍增长。
- ж 原住民居住条件大为改善：征迁成果显著，有效改善了棚户区居民居住环境，提高了生活品质。
- ж 全方位的配套服务完善：万象城、来福士、砂之船等综合体先后开业，逐步形成辐射杭州市的又一商业中心。

钱江新城成为杭州城市新地标

伴随着杭州市城市空间布局向东转移，钱江新城中央商务区功能得到不断确立和深化。为顺应城市发展的规律和节奏，钱江新城提出打造城市新中心的战略目标。如今的钱江新城已然成为杭州的政治、经济、文化新中心，兼具行政、商务、金融贸易、信息会展、文化旅游、居住六大功能。

- ж 政治新中心：2016 年，杭州市委市政府以及所属部委办局逐步搬迁至市民中心，钱江新城被正式确立为杭州的行政中心。
- ж 经济新中心：钱江新城是杭州金融机构最多的区块，并且大力发展总部经济，支持浙商创新创业，全力打造“浙商总部中心”。
- ж 文化新中心：钱江新城的文化建设将传统与现代相融合，其环境绿化、卫生等领域的建设都不输国际大都市。

钱江新城展现“国际化”新活力

2016 年，杭州迎来了登上世界舞台的机遇——G20 峰会。对于钱江新城来说，这次峰会向世界人民敞开了“大门”展现了自己，钱江新城逐渐提高了国际化程度和国际影响力。在这样的历史机遇下，钱江新城的发展再次受到关注，这意味着钱江新城向 CBD 国际化再迈进一步。

※ 旅游红利爆发式增长：G20 峰会率先带动了杭州旅游业的发展，前来杭州的游客络绎不绝，钱江新城时尚的灯光秀成为又一杭州旅游地标。

※ 国际化指数迅速攀升：B20 峰会的顺利召开提升了杭州在世界上的知名度，同时为钱江新城 CBD 国际化的进程打下了坚实的基础。

图 1-4　B20 峰会会场

钱江新城的标志性建筑

在钱江新城二十年的建设过程中，涌现出了一批造型独特的精品建筑，杭州大剧院、杭州国际会议中心、市民中心、波浪文化城、城市阳台、杭州华润万象城、浙江财富金融中心、来福士广场、高德置地广场无不让人眼前一亮，它们为钱塘江增添了亮丽的风景。钱江新城二十年建设的成果完美体现了杭州作为国际化大都市的风貌。

● 杭州大剧院

杭州大剧院是新城首个建成并投入使用的现代化公共文化设施，总建筑面积约为 5 万平方米。大剧院宛如一弯银色新月，弧线形的建筑造型如行云流水般融入绿色空间中，是钱江新城标志性文化设施之一，在亚洲同类建筑中居于领先地位。

图 1-5　杭州大剧院

● **杭州国际会议中心**

在杭州大剧院对面，矗立着的是杭州国际会议中心，总建筑面积约12万平方米。杭州国际会议中心宛如一轮金色太阳，是街景与江景的重要组成元素，彰显了国际标准、杭州风格和钱江气魄。大剧院和国际会议中心两组巨型雕塑式建筑凭江而立，共同构筑出"日月同辉"的美好寓意。

图1-6　杭州国际会议中心

● **市民中心**

杭州市市民中心临近钱塘江，毗邻杭州大剧院、杭州国际会议中心，总建筑面积约为58万平方米。市民中心设计秉承中华传统文化中"天圆地方，广宇六合"的理念，由中心六座环抱的建筑和四周四座方形裙楼构成。中央六座建筑是杭州市政府行政的场所，四周四座方形裙楼分别为杭州市图书馆、杭州市青少年活动中心、杭州市城市规划展览馆、杭州市市民服务中心，均可供市民使用。

图1-7　市民中心

● **波浪文化城**

波浪文化城主体平面呈"T"字形，东西向长约506米，南北向宽约438米，共2层，总建筑面积12.4万平方米。波浪文化城位于市民中心到钱塘江、杭州国际会议中心到杭州大剧院之间的城市广场区域，不仅是钱江新城大型开敞式地下空间，也是钱江新城核心区地下空间系统的主干区域和联系纽带。

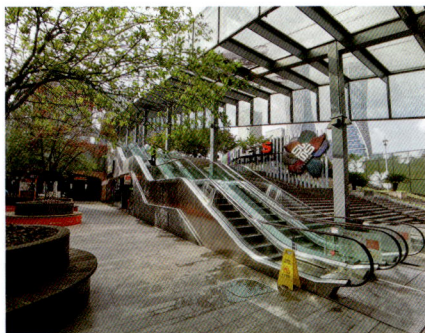

图1-8　波浪文化城

● **城市阳台**

城市阳台位于钱江新城核心区，是一个开放又充满活力的现代城市公园。主阳台位于核心区中轴线，以钱塘江堤岸为底线、外挑江面几十米处，长约 322 米，大部分架空于江面上，最远处凸出江堤约 80 米。主阳

图 1-9　城市阳台

台南、北两翼各有一个副阳台，其中"一号阳台"面积约 14 万平方米，"二号阳台"面积约 12 万平方米。城市阳台具有休闲、景观、交通、服务等多重功能，它以一种全新的方式将城市与钱塘江连接起来，充分体现了城市历史文化的延伸。

● **杭州华润万象城**

杭州华润万象城位于钱江新城核心区，在庆春东路与钱江路交会处，总建筑面积约为 80 万平方米（含一期和二期），是集零售、餐饮、娱乐、休闲、办公、酒店、居住等诸多功能于一体的大规模、综合性、现代化、高品质的标志性商业建筑群。

图 1-10　杭州华润万象城

● **浙江财富金融中心**

浙江财富金融中心位于钱江新城 CBD 内，东临国际会议中心和杭州大剧院，北望市民中心。它由两幢超高层建筑物构成，西塔高达 258 米，东塔高达 188 米，是集甲级智能办公和商业功能于一体的综合大楼。

图 1-11　浙江财富金融中心（李仁华　摄）

● **来福士广场**

杭州来福士广场位于钱江新城核心地段，由两幢高达 250 米的大楼和中央开放式裙楼构成，其中包括办公楼、商场、星级酒店以及服务公寓等，是一个为杭州市民、游客和商务旅行人士提供方便舒适的生活场所和工作场所。

图 1-12　来福士广场

● **高德置地广场**

杭州高德置地广场与杭州市钱江新城市民中心隔解放东路相望，总建筑面积 47 万多平方米，包括卓美亚酒店、超甲级写字楼、大型购物中心、酒店服务式公馆等业态。

图 1-13　高德置地广场

1.1.4　历史沿革

钱江新城在建设伊始就强调高起点规划，充分考虑 21 世纪现代化大都市的特点，突出规划的前瞻性和承继性，反映出杭州市鲜明的地域特色和深厚的文化内涵，使西湖、钱塘江和城市新中心三者和谐统一。

1999 年，杭州市开展钱塘江景观规划设计，初次提出在江滨地区建立杭州市城市新中心。2001 年，余杭、萧山两市撤市设区，杭州市区版图从 683 平方千米扩大至 3068 平方千米，为杭州"构筑大都市、建设新天堂"提供了广阔的空间。同年 5 月，正式成立杭州市钱江新城建设指挥部，根据钱江新城建设规划，负责相关工程建设项目的组织实施与管理。同年 7 月，当周围还是一片地广人稀的滩涂时，杭州大剧院的开工正式拉开了钱江新城建设的帷幕，标志着整座城市的建设中心从西湖转向钱塘江两岸。2002 年，经省编办批准、市委研究同意，中共杭州市钱江新城建设管理委员会正式成立。伴随新城"二横九纵"城市道路主骨

图 1-14　新城风光

架和杭州大剧院、市民中心等一批市级公建的开工，钱江新城的建设全面开展。
2005 年，钱江新城二期工程提出，经杭州市委、市政府批准，新城管辖面积扩容
至 22.92 平方千米。2006 年，随着"决战东部"号角的吹响，城东新城应运而生，
钱江新城管委会踏上了新的征程。至 2008 年钱江新城核心区建成开放，这是杭州
市"保老城，建新城"，实施"城市东扩、旅游西进、沿江开发、跨江发展"战
略得到的重要成果，杭州城市发展由此从"西湖时代"迈向"钱塘江时代"。2014
年，根据杭州市委市政府的部署，钱江新城管委会进行了机制体制调整，管委会
的职能从负责钱江新城、城东新城、奥体博览城"三大新城"区域的开发建设，
转为重点开发建设钱江新城核心区，统筹协调钱江新城（城东新城）。随后，通过
完善和创新体制机制，钱江新城管委会不断推进钱江新城"二次创业"工作。在
新城核心区，项目整改如火如荼，招商引资全面展开；在城东新城，一批批重大
项目陆续开工，招商引资不断推进。2016 年 9 月，B20 峰会在钱江新城的顺利召
开，更是向全世界展现了新城绚丽多彩、充满活力的一面。同年 10 月，杭州市政
府搬迁至市民中心，成为投资者的风向标，钱江新城管委会不断推进钱江新城招
商引资的进程，吸纳了一大批高质量人才。2017 年，杭州市城市工作会议提出实
施"拥江发展"战略，以杭州境内 235 千米钱塘江为主轴，完善"多中心、网络
化、组团式、生态型"城市框架。因此"拥江发展"战略成为杭州发展的新方向。
2018 年是钱江新城管委会履行市"拥江办"职能的开局之年，管委会高水平打造

自然生态带、魅力文化带、公共景观带、综合交通带、现代产业带、宜居城市带，以实现"钱塘江时代"新梦想。2020年底，经中央编办、省委编办、市委编办批复同意，设立杭州市三江汇未来城市建设管理委员会，在杭州市钱江新城建设管理委员会挂牌。从此，拥江发展更进一步，三江汇扬帆启航，即将开启波澜壮阔的新时代。

钱江新城作为排头兵、领头雁，着力推进钱塘江流域生态保护和高质量发展。经过新城人二十年的辛勤建设以及市委、市政府的大力支持，钱江新城已屹立在钱塘江畔，与秀丽的西湖山水交相辉映，提高了杭州的城市品位，改善了城市的生态环境，完善了城市的基础功能，提高了城市的综合竞争实力，实现了城市的可持续发展。总之，钱江新城已逐步成为杭州大都市的"心脏"，发挥着中央商务区所具有的综合服务、生产创新和要素集散等作用。钱江新城也提升了杭州在"一带一路"建设、长江经济带和长三角城市群中的地位，逐步成为21世纪杭州大都市化的标志。

图 1-15　钱江新城全貌

1.2 二十年大事记

钱江新城管委会于 2001 年经省编办批准成立。2002 年，杭州市钱江新城建设指挥部增挂杭州市钱江新城建设管理委员会牌子，为市政府直属的事业单位，随后钱江新城的各类项目建设便快速开展。2006 年，建立杭州铁路及东站枢纽建设指挥部，负责杭州东站铁路枢纽工程建设。2008 年，新城核心区主体工程完工，正式开城接待市民参观游览，标志着钱江新城"两年打好基础，五年基本完成，八年全面竣工"的目标成功实现。2014 年，管委会内部进行了机制体制调整，职能开始转变。2015 年，管委会紧紧围绕征地拆迁、主题灯光工程、核心区综合整治等 11 个 G20 杭州峰会项目，集中人力、物力和财力，抢抓机遇，敢于担当，全力推进峰会项目建设。2016 年，举世瞩目的 G20 杭州峰会取得了圆满成功，实现了"西湖风光、江南韵味、中国气派、世界大同"的有机结合，受到高度赞誉。2017 年，杭州市委、市政府正式将市拥江发展领导小组办公室职责和市级实施主体赋予钱江新城管委会，管委会由此全面启动拥江发展战略实施、全力推进钱江新城核心区和杭州市铁路重大项目建设，为杭州加快城市国际化、建设"独特韵味，别样精彩"的世界名城增添新引擎、新动力。2020 年，杭州市三江汇未来城市建设管理委员会在钱江新城管委会挂牌，这预示着管委会即将开启新的征程。

表 1-1 钱江新城二十周年大事记

年份	日期	事件主题
2001	5 月 15 日	杭州市钱江新城建设指挥部成立（处级单位）
	7 月 1 日	杭州大剧院破土兴建，标志着钱江新城建设正式启动
	12 月 18 日	市委在指挥部召开全体干部职工大会，宣读市委《关于建立杭州市钱江新城建设指挥部党委及王光荣等同志的任职通知》，杭州市钱江新城建设指挥部升格为正局级单位

续表

年份	日期	事件主题
2002	2月2日	市直机关工委批复同意建立中共杭州市钱江新城建设指挥部机关委员会
	2月	成立杭州市钱江新城建设开发有限公司
	6月6日	钱江新城与浙江省30强企业共同发展研讨会在杭召开，时任浙江省委常委、杭州市委书记、市人大常委会主任王国平在会上发表讲话表示，建设钱江新城，构筑大都市"心脏"
	8月6日	经市委研究同意，中共杭州市钱江新城建设管理委员会成立
	8月29日	在北京召开全国50强会议，宣传杭州以及钱江新城的情况
	8月30日	解放路延伸工程开工
	12月26日	江干文体中心、杭州棋院开工
2003	2月28日	市民中心指挥部组建，市民中心工程建设全面启动
	4月29日	钱江新城甬江路东南地块 [杭政储出 (2003)2号] 成功出让，由杭州滨江房产集团、杭州金色家园房地产公司联合竞得（阳光海岸住宅项目）
	5月5日	钱江新城第一支隧道，解放路延伸工程新城隧道全部贯通
	6月13日	时任杭州市委副书记、市长茅临生在钱江新城调研时强调：抓住战略机遇期，打造城市新中心
	7月1日	市民中心建设工程开工
	7月17日	钱江新城椒江路东B号地块 [杭政储出 (2003)14号] 成功出让，由浙江中天建设集团有限公司和杭州中天二轻房产开发公司联合竞得（盛世钱塘住宅项目）
	9月6日	市中级人民法院建设工程开工
	9月26日	椒江路A号地块 [杭政储出 (2003)18号] 成功出让，由浙江大元房地产开发有限公司竞得
	10月31日	钱江新城A-07地块 [杭政储出 (2003)32号] 成功出让，由温州世贸房地产开发有限公司、中国特福隆集团有限公司、温州市特福隆房地产开发有限公司、浙江福田建筑装饰工程有限公司联合竞得（财富金融中心项目）；B-07地块 [杭政储出 (2003)33号] 成功出让，由浙江华成集团竞得（华城国际发展大厦项目）
	11月4日	时任浙江省委常委、杭州市委书记、市人大常委会主任王国平在新城调研时要求实施"十大"工程，加快新城建设
	11月18日	钱江新城第一批社会投资项目——新财富中心、华成大厦签约仪式举行
	11月20日	钱江新城椒江路西地块 [杭政储出 (2003)36号] 成功出让，由杭州宋都集团房地产开发有限公司竞得（新城国际项目）
	11月26日	解放路延伸工程隧道全线贯通
	12月	全国第一个城市地下空间控规通过会审
	12月8日	钱江新城富春（江）路竣工

续表

年份	日期	事件主题
2004	1月	市政府批复通过《钱江新城核心区城市设计》
	1月19日	钱江新城A-03-3地块[杭政储出(2003)62号]成功出让,由宁波合盛集团有限公司竞得(瑞晶国际商务中心项目)
	2月19日	钱江新城A-04地块[杭政储出(2004)1号]成功出让,由万好万佳有限公司竞得;A-08-1/3/5、A-10/11地块[杭政储出(2004)2号]成功出让,由浙江泛海建设投资有限公司竞得(泛海国际中心项目)
	2月24日	时任浙江省委书记、省人大常委会主任习近平在听取杭州市推进城市化工作汇报时强调:钱江新城一定要高起点规划、高标准建设
	2月28日	北京泛海光彩等3个社会投资项目签约
	4月13日	钱江新城核心区块A-04地块[杭政储出(2004)16号]成功出让,由新城建设开发公司竞得(国际会议中心)
	4月21日	时任杭州市委常委、组织部部长王金财在钱江新城调研时指出:把钱江新城建成效能、人才、廉洁三大基地
	4月28日	解放路延伸工程通车(4月27日—28日,新城隧道建成通车前向市民开放)
	4月30日	钱江新城A-02-1/2,A-03-4,D-02-4三个地块[杭政储出(2004)20、21、22号]成功出让,A-02-1/2地块由中国红黄蓝集团、中国良精集团、浙江东泰投资有限公司、上海康麦斯保健品有限公司联合竞得(尊宝大厦项目);A-03-4由浙江荣安集团竞得(荣安大厦项目);D-02-4地块由浙江三狮集团、浙江金钉子投资有限公司、浙江福田建筑装饰工程有限公司联合竞得(宏程国际大厦项目)
	5月19日	钱江新城椒江路南B地块[杭政储出(2004)28号]成功出让,由杭州星辰房地产开发公司竞得(东方润园项目)
	6月12日	钱江新城房地产项目滨江·金色海岸项目开工
	7月15日	钱江新城A-03-6地块[杭政储出(2004)39号]成功出让,由中天建设集团有限公司竞得(中天大厦项目);B-03地块[杭政储出(2004)40号]成功出让,由温州中城建设集团有限公司竞得(国际时代广场项目);D-02-1/2、D-3/4/7地块[杭政储出(2004)41号]成功出让,由浙江华联三鑫石化有限公司竞得(华联UDC广场项目);B-06-2地块[杭政储出(2004)42号]成功出让,由浙江圣奥家具制造有限公司竞得(圣奥中央大厦项目);A-01-3/4/5、A-09、A-12地块[杭政储出(2004)43号]成功出让,由浙江金基置业有限公司竞得(明珠国际商务中心项目)
	7月18日	杭州消防指挥中心工程开工
	7月23日	华联三鑫集团石化有限公司摘牌
	8月24日—28日	杭州大剧院歌剧院进行首场对外演出,邀请中央芭蕾舞团演出了中国芭蕾舞剧《大红灯笼高高挂》和《红色娘子军》

续表

年份	日期	事件主题
2004	9月1日	时任杭州市委副书记、副市长、代市长孙忠焕在钱江新城调研时强调：新城建设要坚持高水准、高起点、前瞻性
	9月28日	浙江省首项220KV架空电缆入地工程在钱江新城核心区完成并正式投入运营
	9月28日	盛世钱塘项目开工
	9月	钱江新城开展新一轮综合整治，新增绿化面积15万平方米
	11月25日	城市阳台工程建设开工
	11月	钱江新城出台《核心区规划建设管理导则》
2005	1月13日	宏程国际大厦、中天大厦项目开工
	1月22日	杭州国际会议中心项目开工
	5月13日	钱江新城A-03-5、D-11-2/3地块〔杭政储出(2005)18、19号〕成功出让，由浙江东杭控股集团和杭州钱塘房地产集团分别竞得（东杭大厦、蓝鲸国际大厦）
	6月1日	钱江新城森林公园和世纪花园建成并正式向市民开放
	6月28日	"钱江苑"首批300余户农居回迁工作正式启动
	7月18日	集美国际大厦和荣安总部大楼项目开工
	8月1日	钱江新城D-05地块〔杭政储出(2005)43号〕成功出让，由浙江城建房地产、浙江华东铝业有限公司联合竞得（汉嘉国际项目）；钱江新城D-02-3地块〔杭政储出(2005)44号〕成功出让，由迪凯投资控股有限公司竞得（迪凯国际商务中心项目）
	8月16日	华成国际发展大厦项目开工
	8月29日	钱江新城核心区最大一宗综合商业用地——E-06/07/08地块〔杭政储出(2005)50号〕成功出让，由香港华润集团竞得（华润·悦府和柏悦酒店、万象城等综合体）
	10月	钱江新城新塘河取（排）水泵站投入使用
	11月25日	钱江新城城市主阳台工程开工
	11月30日	浙江圣奥置业有限公司企业总部大楼——圣奥大厦项目开工
	12月23日	钱江国际时代广场项目开工
2006	1月13日	中天大厦等两个项目开工
	1月26日	钱江新城核心区二期首批安置房工程开工
	4月28日	市委下发（市委〔2006〕6号）《中共杭州市委 杭州市人民政府关于进一步加快钱江新城建设和发展的若干意见》文件
	5月26日	浙江财富·金融中心和宏程·日出钱塘大厦项目正式开工
	6月28日	庆春路过江隧道工程正式开工

续表

年份	日期	事件主题
2006	7月8日	钱江新城第一所国际实验学校工程开工（钱江新城实验学校）
	10月4日	钱江苑三堡区块拆迁正式启动
	10月20日	市妇女活动中心建设工程开工
	10月26日	浙江光彩国际中心、钱江商务广场项目开工
	12月1日	宏程国际大厦项目开工
	12月18日	杭州国际会议中心与洲际酒店管理公司签订酒店管理合同
	12月23日	杭州万象城、华联发展中心、新绿园项目开工
	12月31日	钱江新城配套综合服务大楼工程开工
	12月31日	杭州市铁路及东站枢纽建设指挥部及杭州市铁路投资有限公司成立
2007	2月28日	时任浙江省委书记、省人大常委会主任习近平在钱江新城参加植树活动
	3月	钱江新城单元控制性详细计划完成
	3月24日	时任杭州市委副书记、市长蔡奇调研钱江新城
	5月8日	杭州市庆春路过江隧道BOT项目与浙大网新科技股份有限公司签约
	5月13日	浙江城建集团汉嘉大厦项目开工
	5月22日	万银国际大厦项目开工
	5月28日	沿江大道开工，标志着钱江新城扩容二期建设全面启动
2008	4月8日	高德置地集团项目落户钱江新城
	7月23日	杭州铁路东站枢纽安置房及配套基础设施工程开工
	9月2日	钱江新城首宗金融规划用地——核心区D-09地块[杭政储出(2008)18号]成功出让，由浙商银行股份有限公司、中国工商银行股份有限公司浙江省分行营业部、华融金融租赁股份有限公司、浙江新华期货经纪有限公司联合竞得（联合金融大厦项目）
	9月30日	钱江新城核心区开放典礼暨首个"城市日"活动启动仪式在市民中心南广场举行，省市领导及社会各界人士共2000余人出席仪式。核心区正式对外开放
	9月30日	时任杭州市委副书记、市长蔡奇出席钱江新城核心区开放典礼暨"城市日"活动启动仪式并讲话
	10月3日—5日	钱江新城首届国际音乐节开幕
	10月25日	2008中国杭州CBD国际高峰论坛举行
	11月11日	钱江新城D-C2-04地块[杭政储出(2008)30号]成功出让，由杭州市居住区发展中心有限公司竞得（安居临江大厦项目）
	11月15日	绿城·蓝色钱江项目开工
	11月22日	杭州采荷实验教育集团钱江新城实验学校工程完工

续表

年份	日期	事件主题
2008	11 月 29 日	万银国际二期项目开工
	12 月 8 日	三堡排涝工程开工
2009	3 月 18 日	东方君悦项目开工
	3 月 18 日	铁路东站枢纽（城东新城）配套基础设施及安置房工程开工
	5 月 15 日	钱江新城接待中心和广场管理中心成立
	5 月 16 日	杭州高级中学新校区、市妇女医院两项目开工
	6 月 2 日	时任浙江省委副书记、省长吕祖善调研钱江新城
	8 月 25 日	时任中央政治局委员、上海市委书记俞正声，时任上海市委副书记、市长韩正率上海党政代表团考察钱江新城
	10 月 18 日	位于钱江新城市民中心 L 楼的"市民之家"开业
	12 月 17 日	高德置地广场项目开工
	12 月 19 日	运河隧道和望江公园项目开工
	12 月 22 日	钱江新城旅游咨询中心成立
	12 月 28 日	杭州来福士广场项目开工
2010	1 月 14 日	杭州铁路东站枢纽东西广场试桩工程开工
	3 月 12 日	时任浙江省委常委、杭州市委书记黄坤明调研钱江新城时强调：着力抓好"四个大"，又好又快推进新城建设
	4 月 22 日	杭州华润万象城购物中心开业
	4 月 28 日	杭州国际会议中心（杭州洲际酒店）首次对外开放，举办第六届中国国际动漫节招待晚宴
	5 月 28 日	杭州钱江新城假日酒店投入使用
	6 月 22 日	时任浙江省委常委、常务副省长陈敏尔考察钱江新城
	7 月 10 日	波浪文化城商业租赁协议签订，砂之船正式入驻钱江新城
	8 月 3 日	钱江新城核心区 E-01 地块 [杭政储出（2010）32 号] 成功出让，由中国人寿浙江省分公司竞得（中国人寿大厦项目）
	9 月 6 日	时任杭州市委副书记、代市长邵占维调研钱江新城时强调：积极打造杭州 CBD 开创新城建设新局面
	9 月 13 日	中共中央政治局常委、全国政协主席贾庆林视察钱江新城
	10 月 16 日	第 12 届西博会开幕式暨 2010 杭州国际烟花大会在钱江新城城市阳台隆重举行
	11 月 26 日	现任中共中央政治局委员、全国人大常委会副委员长、全国总工会主席王兆国视察钱江新城
	12 月 27 日	庆春路过江隧道实现全线通车

续表

年份	日期	事件主题
2010	12 月 28 日	交通银行浙江省分行入驻钱江新城，成为入驻新城的首家大型国有银行
	12 月 28 日	北京师范大学附属杭州中学工程开工
	12 月 28 日	泛海国际大酒店及泛海 SOHO 中心项目开工
2011	1 月 8 日	杭州市沿江大道（运河东路—车站南路）及三堡—五堡标准海塘两大工程开工
	2 月 16 日	陈加元副省长来到钱江新城，专题调研杭州市城市地下空间开发利用情况
	3 月 28 日	城东新城第一个社会投资项目——恒祺·克拉公馆项目开工
	3 月 29 日	中信银行杭州分行项目开工
	4 月 11 日	华润万象城二期项目开工
	4 月 14 日	钱江新城 A-01-2 地块 [杭政储出 (2011)8 号] 成功出让，由浙商财产保险股份有限公司竞得
	6 月 21 日	杭州运河隧道北线盾构成功贯通
	6 月 24 日	钱江新城砂之船国际生活广场开业
	7 月	三堡—五堡标准塘挡墙全线完工
	7 月 5 日	城东新城彭埠单元 U29-01 地块 [杭政储出 (2011)16 号] 成功出让，由中国石油化工股份有限公司竞得
	7 月 8 日	杭州明珠国际商务中心 B6 楼项目开工
	7 月 14 日	城东新城天城单元 R21-01 地块 [杭政储出 (2011)19 号] 成功出让，由浙江汇元房地产开发有限公司竞得
	8 月 31 日	城东新城彭埠单元 R21-30 地块 [杭政储出 (2011)31 号] 成功出让，由杭州润丰房产有限公司竞得
	9 月 17 日	中央文明办检查组整体视察钱江新城
	9 月 23 日	商博·钱塘印象住宅项目开工
	10 月 1 日	雕塑"妈妈的手"在钱江新城落成揭幕
	10 月 13 日	杭州运河隧道工程盾构全线成功贯通
	10 月 25 日	钱江新城核心区 A-04-1 地块 [杭政储出 (2011)37 号] 成功出让，由浙江省国际贸易集团有限公司等 6 家单位联合竞得（国贸金融大厦项目）
	10 月 31 日	城东新城白石片安置房工程开工
	11 月 11 日	中国建设银行浙江省分行总部正式迁入钱江新城核心区
2012	1 月 4 日	钱江新城南星单元 D-15 地块 [杭政储出 (2011)61 号] 成功出让，由中维地产股份有限公司竞得

续表

年份	日期	事件主题
2012	4月13日	钱江新城核心区 E-03 地块［杭政储出（2012)5 号］成功出让，由中国平安人寿保险股份有限公司、深圳嘉新投资发展有限公司和昆山联诚股权投资管理有限公司联合竞得（平安金融中心项目）
	4月23日	时任湖北省委书记、省人大常委会主任李鸿忠考察钱江新城
	8月7日	时任浙江省委常委、杭州市委书记、市人大常委会主任黄坤明检查杭州国际博览中心建设情况
	9月11日	50 座"漂流书亭"正式启用
	10月17日	钱江新城三堡单元 R21-01、R21-02、S-R21/B1-01 三宗土地［杭政储出（2012)40、41 号］成功出让，由中海地产集团有限公司竞得（中海·御道项目）
	10月29日	中国人寿大厦项目开工
	10月30日	钱江新城四堡单元 D-R21-01 地块（御道村）安置房二期工程开工
	11月23日	婺江路（钱江路—秋涛路）顺利开通
	11月24日	"最美江南·三江两岸——第五届杭州骑游大会"活动在钱江新城市民中心南广场主会场举行
	11月27日	钱江新城天城单元 R21-07 地块［杭政储出（2012)51 号］成功出让，由杭州滨盛置业有限公司竞得
	11月29日	彭埠单元 R21-12 地块 23 万平方米农转非居民拆迁安置房项目开工
	11月29日	杭州市城东新城建设投资有限公司揭牌
	12月4日	钱江新城南星单元 D-02、B-04 两宗土地［杭政储出（2012)55、56 号］成功出让，由杭州市城建开发集团有限公司竞得（候潮府、望江府）
2013	3月1日	杭宁、杭甬高铁正式开始联调联试
	3月11日	省市党政军领导来钱江新城参加义务植树
	4月25日	城东新城首宗宅地——石桥单元 R21-04 地块［杭政储出（2013)27 号］成功出让，由北京城市开发集团有限公司竞得
	4月25日	钱江新城四堡单元 A-U29-01 地块［杭政储出（2013)31 号］成功出让，由杭州杭石三新加油站有限公司竞得
	5月3日	时任浙江省委副书记、省长李强视察杭州东站交通枢纽建设情况
	5月21日	钱江新城核心区的 A-01-2 地块［杭政储出（2013)35 号］和奥体博览城滨江区块的 FG02-R/C-01、FG03-R/C-02 地块［杭政储出（2013)32、33 号］成功出让。A-01-2 地块由宁波银行、宁波银誉投资有限公司和华融金融租赁有限公司联合竞得（宁波银行项目）；FG02-R/C-01 由深圳深国投房地产开发有限公司竞得（莱蒙水榭春天项目）；FG03-R/C-02 地块由旭宝（香港）有限公司竞得（绿地旭辉城项目）
	5月28日	之江东路（彭埠大桥—九堡大桥）开始通车

续表

年份	日期	事件主题
2013	6月17日	平安金融中心项目开工
	6月25日	钱江新城南星 D-01 地块 [杭政储出 (2013)42 号] 成功出让，由金隅集团竞得（金隅学府项目）；三堡单元 R21-03、R21/C2-03、C2-09、C2-10 地块 [杭政储出 (2013)40、41、43、44 号] 成功出让，由中天发展控股集团有限公司竞得
	7月1日	杭州东站枢纽建成启用
	8月29日	钱江新城彭埠单元的 C2-12 地块 [杭政储出 (2013)54 号地块]，由富丽园竞得；天城单元的 B1/B2-42 地块 [杭政储出 (2013)55 号地块] 成功出让，由杭州城乡建设设计院竞得
	8月30日	省国贸商业金融总部项目开工
	9月18日	2013 钱塘江国际冲浪对抗赛暨冲浪嘉年华在钱塘江上举行
	9月26日	钱江新城近江单元 C-09 地块 [杭政储出 (2013)72 号] 成功出让，由浙江稠州商业银行股份有限公司竞得（稠银大厦项目）
	11月1日	钱江新城彭埠单元 B1/B2-10 地块 [杭政储出 (2013)86 号] 成功出让，由杭州兆炎科技有限公司竞得
	11月1日	时任中央政治局常委、国务院副总理张高丽考察钱江新城
	12月11日	时任浙江省委常委、杭州市委书记龚正在钱江新城调研时强调：有序推进钱江新城、城东新城、奥体博览城和杭黄高铁"三城一线"开发建设各项工作，发扬和发展新城精神，续写新城建设新篇章
	12月31日	钱江路延伸线（三新路—观潮路）工程开工
2014	1月1日	东站枢纽西广场正式启用
	1月3日	钱江新城三堡单元 S-B2/B1/B3-01、02、06、08、09 地块 [杭政储出 (2013)99 号] 成功出让，杭州金融城建设发展有限公司竞得
	1月3日	钱江新城近江单元 C-19 地块 [杭政储出 (2013)103 号] 成功出让，由横店集团竞得（横店大厦项目）
	1月3日	钱江新城近江单元 C-17 地块 [杭政储出 (2013)104 号] 成功出让，由浙江昆仑建设集团股份有限公司竞得（昆仑中心项目）
	1月7日	三堡单元 S-B2/B1/B3-03、04、05、07、10、11 地块 [杭政储出 (2013)109 号] 成功出让，由杭州金融城建设发展有限公司竞得
	1月23日	时任浙江省杭州市委副书记、代市长张鸿铭在钱江新城调研时强调：拉高标杆，积极作为，高水平推进新城建设
	2月18日	城东新城天城单元 R21-45 地块 [杭政储出 (2014)1 号] 成功出让，由杭州新天地集团有限公司竞得
	3月20日	时任全国人大常委会副委员长路甬祥视察东站枢纽
	5月10日	时任中共中央政治局常委、全国人大常委会委员长张德江来杭调研

续表

年份	日期	事件主题
2014	5月16日	时任浙江省杭州市委副书记、市长张鸿铭，时任浙江省杭州市委常委、副市长徐立毅调研杭州市妇产科医院、杭黄铁路等重点项目建设
	6月24日	杭州火车东站东、西广场周边市政道路——东宁路、新塘路、天城路、花园兜街、二号港河道、新风路、王家井街、广场匝道竣工验收
	6月30日	国家重点建设的中西部铁路——杭黄铁路开工
	7月1日	杭州市钱江新城投资集团有限公司成立
	7月15日	杭州萧山国际机场东站枢纽航站楼正式启用
	9月10日	城东新城彭埠单元R21-11[杭政储出(2014)22号]成功出让，由德信地产有限公司竞得；R21-10-1地块[杭政储出(2014)23号]成功出让，由雨润集团竞得
	9月30日	杭黄铁路（浙江段）全线开工
	11月2日	2014杭州国际马拉松比赛、第四届国际（杭州）毅行大会在钱江新城举行，市民中心作为马拉松短程赛的终点站及毅行大会的起点
	11月7日	时任加拿大总理哈珀一行考察钱江新城
	11月12日	杭州东站枢纽西广场项目通过竣工验收
	11月12日	杭州市妇产科医院（杭州市妇幼保健院，杭州市第一人民医院钱江新城院区，杭州市钱江医院）正式启用
	12月31日	铁路东站枢纽地区环站北路（环站东路—同协南路）正式开通
	12月31日	钱江金融城区域道路经三路（钱江路—沿江大道）开工
2015	2月23日—26日	首届浙江全民阅读节暨浙江书展在杭州钱江新城城市阳台举办
	3月	华日路（解放东路—新业路）道路工程开工
	3月	H区块（金融城）规划支路（秋涛路—中央公园路）道路工程开工
	3月	四季路（秋涛路—中央公园路）道路工程开工
	4月4日	中央政治局委员、国务委员杨洁篪考察钱江新城
	5月21日	现任十三届全国政协副主席、时任浙江省委书记、省人大常委会主任夏宝龙考察钱江新城
	5月26日	现任中共中央总书记、国家主席习近平视察钱江新城，回顾2007年2月28日在钱江新城植树、听取钱江新城核心区规划汇报
	6月	南星D-09配套（含派出所）工程完工
	6月	地铁连接通道（城星路站、江锦路站）工程完工
	6月30日	南星单元B-05地块幼儿园（规模9个班）工程完工
	9月	新塘河国贸大厦桥梁工程项目完工
	10月	钱管局应急中心复建项目开工

续表

年份	日期	事件主题
2015	11月16日	现任中共中央总书记、国家主席习近平在土耳其安塔利亚20国集团领导人峰会上宣布2016年G20峰会在杭州召开
	12月25日	新业路（新塘路—钱江路）建成通车
	12月30日	望江路过江隧道工程开工
	12月31日	钱江金融城区域道路经三路（钱江路—沿江大道）开工
	12月31日	铁路东站枢纽地区环站北路（环站东路—同协南路）正式开通
2016	1月6日	钱江新城核心区H-03地块[杭政储出(2015)45号]成功出让，由杭州新阔实业投资有限公司竞得（意法服装市场）
	1月底	全面完成钱江新城核心区所有企业居民的征迁扫尾工作，为峰会环境整治提升和临时绿化做好准备
	4月	华日路（解放东路—新业路）道路工程完工
	4月	H区块（金融城）规划支路（秋涛路—中央公园路）道路工程完工
	4月	四季路（秋涛路—中央公园路）道路工程完工
	4月	钱江新城景昙路（解放东路—新业路）工程开工
	4月	钱江苑一期10、11组团工程完工
	7月13日	时任浙江省委副书记、副省长、代省长车俊，时任浙江省委副书记、政法委书记、常务副省长袁家军考察钱江新城
	8月18日	钱江新城核心区E-04地块[杭政储出(2016)20号]成功出让，由都城伟业公司竞得（杭州国际中心项目）
	8月22日	新业路（新塘路—钱江路）、钱江东路（三新路—塘工局路）和杭州金融城地块的城园路（解放东路—新业路）、东业路（解放东路—新业路）、秋园一路（秋涛路—城园路）、秋园二路（解放东路—新业路）共6条道路完工并通车
	9月3日—4日	二十国集团工商峰会(B20)在钱江新城国际会议中心召开
	9月4日—5日	二十国集团(G20)领导人第十一次峰会在杭州举行
	9月10日	时任浙江省委书记、省人大常委会主任夏宝龙，时任浙江省委常委、杭州市委书记赵一德一行考察城市阳台，对钱江新城管委会峰会筹备服务保障工作予以充分肯定
	9月11日	时任全国政协常委、全国政协港澳台侨委员会主任杨衍银一行参观新城建设成果展，考察调研城市规划、社区建设等工作，并参观城市规划馆
	10月18日	钱江新城灯光秀开始常态化播放
	12月8日	杭黄铁路最长隧道——天目山隧道全线贯通
2017	3月23日	前奥委会主席罗格参观新城建设成果展
	4月17日	东亚银行（中国）有限公司杭州分行入驻钱江新城（杭州CBD）
	4月25日	杭黄铁路淳安段实现全线贯通

续表

年份	日期	事件主题
2017	4月28日	景芳单元R22-03地块配套公共服务设施工程开工
	6月13日	前国务院副总理吴仪参观新城建设成果展
	7月18日	博奥隧道工程开工
	8月14日	钱江新城单元JG1308-02地块[杭政储出(2017)37号]成功出让，由杭州银行股份有限公司竞得，杭州银行新综合大楼项目在建中。
	9月4日	钱江新城单元JG1302-05、JG1302-06地块[杭政储出(2017)46、47号]成功出让，由太平财产保险公司、太平养老保险服务股份有限公司联合竞得，太平金融大厦项目在建中
	10月	市委、市政府正式将市"拥江发展"领导小组办公室职责和市级实施主体赋予钱江新城管委会
	10月26日	市委、市政府《关于建立杭州市"拥江发展"领导小组的通知》下发，建立由时任浙江省委常委、杭州市委书记赵一德，时任浙江省杭州市委副书记、市长徐立毅为组长的杭州市"拥江发展"领导小组，明确领导小组办公室设在钱江新城管委会
	10月31日	时任全国人大常委会委员、福建省人大常委会副主任邓力平等省、市、县三级人大常委会分管财经工作的领导参观城市阳台
	12月6日	时任浙江省委常委、杭州市委书记赵一德到杭州钱塘江博物馆检查工作
2018	1月10日	时任浙江省委常委、杭州市委书记赵一德到钱江新城管委会调研拥江发展工作
	11月22日—26日	管委会机关党委组织部分党员干部赴延安梁家河干部培训学院开展"不忘初心 牢记使命"党员教育培训活动
2019	1月29日	钱江新城单元JG1308-03地块[杭政储出(2018)57号]成功出让，由浙江红狮水泥股份有限公司竞得
	3月14日	杭州博奥隧道"亚运号"盾构机始发
	5月9日	中共中央政治局委员、天津市委书记李鸿忠率党政代表团考察钱江新城
	5月30日	首届钱塘江诗路文化带成果发布会在城市阳台举行
	7月	钱江新城单元（JG13）公园路（城星路—香樟路）道路工程开工
	8月13日	景芳单元JG1204-29、31地块[杭政储出(2019)28号]成功出让，由深圳市盛众置业有限公司、明满有限公司联合竞得
	10月	景芳三堡单元(JG12)JG1202-33地块农转非居民拆迁安置房开工
	11月	凯旋单元JG1003-10（原FG20-R21-14）公共租赁房开工
	12月	景芳三堡单元JG1202-29地块安置房开工
	12月18日	钱塘江博物馆开工

续表

年份	日期	事件主题
2020	4月16日	"亚运号"盾构机到达钱塘江北工作井,杭州博奥隧道实现双线贯通
	6月8日	现任杭州市委副书记、市长刘忻调研钱塘江沿江发展规划
	6月12日	现任杭州市副市长缪承潮一行为管委会揭牌。合并后的杭州市钱江新城建设管理委员会(杭州市钱江新城建设指挥部、杭州市奥体博览城建设指挥部)为杭州市人民政府直属公益二类事业单位,机构规格为正局级
	6月18日	管委会召开全体转隶人员集中报到座谈会,标志着管委会及所属事业单位机构改革工作基本完成
	6月19日	《杭州市钱塘江综合保护与发展条例》经市人大常委会会议表决通过
	6月	凯旋单元JG1003-10(原FG20-R21-14)公共租赁房开工
	9月4日	杭州市人民政府批复《钱塘江流域两岸综合保护与利用实施导则》《钱塘江流域两岸总体城市设计》
	10月1日	《杭州市钱塘江综合保护与发展条例》正式实施
	11月3日	杭州市人民政府批复《"三江汇"杭州未来城市实践区发展战略与行动规划》和《"三江汇"杭州未来城市实践区建设与治理准则》
	11月8日	杭州江河汇项目在汇西区块举行奠基典礼
	12月2日	杭州红狮大厦项目举行开工仪式
	12月3日	杭州市委、市政府正式发文建立杭州市三江汇未来城市实践区建设管理领导小组
	12月6日	经中央编办、省委编办、市委编办批复同意设立杭州市三江汇未来城市建设管理委员会,在杭州市钱江新城建设管理委员会挂牌
	12月7日	现任杭州市委副书记、市长刘忻专题听取钱塘江堤防及岸线提升改造工作情况汇报
	12月25日	杭州市三江汇股权投资有限公司正式成立

第二编

流馨二十年 | 大放异彩的新城风貌

- 钱江新城战略定位
- 钱江新城影像合集
- 钱江新城管理成效

2.1 钱江新城战略定位

2.1.1 CBD 发展概述

杭州市委、市政府的整体搬迁，标志着杭州城市发展由"西湖时代"向"钱塘江时代"过渡完成。G20 杭州峰会的召开，标志着钱江新城 CBD 开启国际化发展新阶段，成为具有地区影响力的城市新中心。钱江新城 CBD 的发展历程为：

功能形成期：2000—2010 年，钱江新城全面启动基础建设，启动总部经济建设，培育现代商务功能。

功能完善期：2010—2015 年，行政中心逐步导入，钱江新城 CBD 整体功能完善，金融商务功能完善。

功能强化期：2015—2020 年，钱江新城的行政中心地位确立，金融商务功能深化，国际影响力显现。

影响力辐射期：2020 年以后，钱江新城将强化功能，凝练特色，立足长三角辐射全国，强化国际竞争力。

2.1.2 CBD 介绍

城市新中心——区位中心

钱江新城的规划起点高，定位明晰，随着杭州市委、市政府的整体搬迁及 G20 峰会的顺利召开，钱江新城被认可度不断提升，未来城市行政、经济、文化中心的地位将得到进一步的深化巩固。

钱江新城集行政办公、金融、贸易、信息、商业、会展、旅游、居住等功能于一体。目前，钱江新城已经发展成为全球浙商总部中心，浙江省金融总部中心，钱塘江金融港湾核心区，杭州新行政、经济、文化活动中心以及长三角南翼区域中心城市的中央商务区。

城市新中心——交通中心

钱江新城的道路交通四通八达，对区域商务、商贸市场发展起到了强有力的支撑作用。

钱江新城的对外交通：钱江新城距萧山国际机场18.3千米，距杭州火车站3千米，距杭州火车东站5千米，周边有杭宁高速、杭徽高速、杭金衢高速、杭甬高速等。

钱江新城的内部交通：中河高架、秋石高架构建市内交通脉络，各区块可以形成内部循环，形成便捷的区域内部交通网线，钱江新城已开通3条快速公交即BRT2号线、BRT5号线、BRT9号线。

钱江新城的地铁交通：至2020年，钱江新城核心区内有3条轨道线，2号线连接江南副城，4号线连接滨江新城，7号线连接机场和城站铁路枢纽。

城市新中心——金融中心

钱江新城是现在以及未来的金融产业集聚中心，包括要素平台6家，分别为浙江股权交易中心、浙江金融资产交易中心、华东林权交易所、东海商品交易所、杭州产权交易所、杭州市农村产权交易所；重点金融企业3家，分别为浙商证券、信泰人寿、中韩人寿全国总部；国开行、交通银行、中国人寿、平安人寿、中信证券等省级金融机构近20家；民生银行、中信银行、北京银行、国信证券、联讯证券等市级金融机构10余家，以及交投财务、华明融资、兴合小贷等持牌机构近10家。

城市新中心——总部中心

钱江新城大力发展总部经济，吸引大批国内外知名企业总部落户，同时紧抓"浙商回归"战略，积极打造浙商总部中心。钱江新城包括中天集团、东杭控股集团等民营500强企业，中国移动浙江公司、浙江省交通投资集团、浙江国贸集团、浙江省盐业集团以及众多金融企业总部；此外，还包括微软、宝马、美亚财险、三星投资、外企德科通用、东京海上日动财险、欧洲十国签证中心等外资总部。

楼宇经济发展

钱江新城中央商务区办公氛围逐渐成熟，已投入使用商业楼宇近40幢，"楼宇经济"总量大，金融、会展、贸易等产业聚集正在形成。

周边配套——商业配套

钱江新城包括多个大型商业中心项目，未来将形成高辐射能力的市级商圈。

周边配套——酒店配套

钱江新城酒店品质良好，目前已有多家高星级酒店开业，今后几年也将会有众多知名酒店陆续开业，配套更加完善，区域整体形象也将得到提升。

周边配套——其他配套

钱江新城的行政配套有市民之家。市民之家是杭州服务型政府的缩影，大部分市民日常生活和企业审批办证都可以在市民之家一站式办理。其中还有海关现场业务处，市民可便捷办理通关通检业务。

钱江新城的文体配套包括杭州大剧院、杭州图书馆、杭州城市规划馆、杭州青少年发展中心等。

重点协会

钱江新城 CBD 商会成立于 2013 年 10 月，前身为江干区四季青商会，目前有会员企业 150 多家，成员主要是注册在四季青街道辖区的优质企业，并根据企业的不同类型，设立十大行业商会，包括房地产业、建筑业、商贸业、金融服务业、会展旅游业、专业市场业、专业服务业、酒店餐饮业、文创业、物业管理业。主要业务范围包括政策宣传、搭建经验交流平台、协调服务、信息服务、专业培训、组织考察招商引资、承办街道办事处和有关部门委托事项。

政府政策

钱江新城的产业扶持政策包括《金融产业扶持政策》《现代商贸产业扶持政策》《信息服务业扶持政策》《文化创意扶持政策》《总部经济扶持政策》《中介服务业扶持政策》《楼宇经济扶持政策》以及《企业创新发展扶持政策》。

钱江新城的人才政策包括国家"千人计划"、杭州市"115"引智计划、浙江省"千人计划"、留学生创业企业房租补贴、杭州市"521"计划、留学生创业企业会展补贴、区"百人计划"以及高端人才引进中介补贴等。

政府服务

钱江新城四季青街道四大服务中心：党群服务中心、企业发展服务中心、民生保障服务中心、社会综合管理服务中心。

钱江新城企业发展服务中心：设立企业部、产业部、综管部、党群部四个服务部门，密切配合，实现"规范、顺畅、高效"运转，做到经济服务标准化、产业分析精准化、社会管理规范化、党建群团多元化；设立企业服务大厅，为楼宇企业提供市场监管、国地税等一站式服务。2016年新设楼宇综合管理服务站（楼宇警务室），楼宇综合服务员、属地综合管理员分工合作，做到"一楼两员"服务、监管并举。

钱江新城信息化服务：企业发展服务中心网站、公众微信号（福泽四季青/泰德）等信息发布平台、三维经济管理系统。

2.1.3　CBD 竞争力分析

根据 CBD 的影响力和辐射能力，CBD 可以划分为世界级、洲际级、国家级、大区级、地区级和项目级六个级别。目前中国拥有一个世界级 CBD——香港中环 CBD，三个国家级 CBD——上海陆家嘴 CBD、北京 CBD 以及广州天河 CBD。上海陆家嘴为目前长三角地区的 CBD 圈中心，其定位为国际经济、金融、贸易中心，钱江新城作为长三角 CBD 圈组成之一，在整体上会受到长三角 CBD 商圈发展的影响，目前为地区级 CBD。

在经济发展方面，杭州钱江新城 CBD 以其良好的定位规划及影响力，吸纳了大量企业入驻增资，区域经济呈现高速发展的态势（见表 2-1）。钱江新城财政收入比重最大的前三位分别是现代商贸业、金融服务业及专业服务业。

表 2-1　钱江新城经济发展统计表

	内容	2014 年	2015 年	2016 年
经济发展	财政收入（万元）	284701	320706	348836
	社会消费品零售总额（万元）	846144	988470	1021827
	第三产业收入（万元）	275835	320041	329474
	信息文创业收入（万元）	7862	8728	6545
	信息文创业占比	2.80%	2.70%	1.60%

在社会发展方面，钱江新城规模以上法人单位共吸纳从业人员 6.05 万人，平均每平方千米吸纳从业人员 1.5 万人，但与北京 CBD、伦敦 CBD 相比显著偏低，CBD 空间承载能力具有进一步开发利用的潜力；同时，伴随着大量资金投资于房地产，钱江新城的城镇基础设施建设区域内商务办公场所及配套设施建设将不断完善，城市交通网络将不断优化（见图 2-1、表 2-2）。

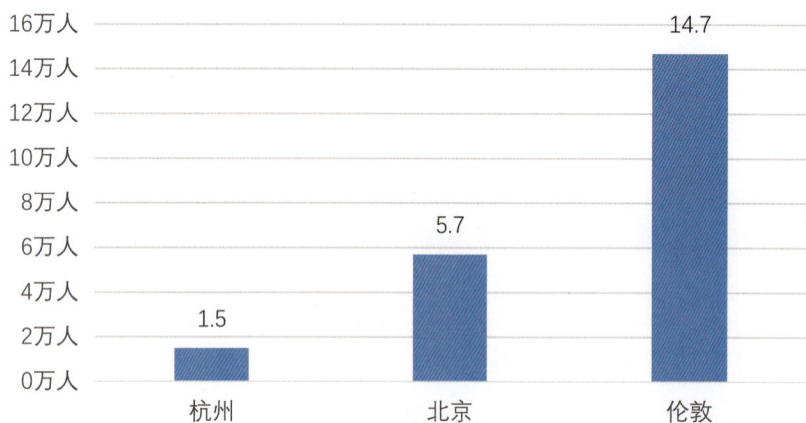

图 2-1 杭州、北京以及伦敦 CBD 每平方千米就业人数示意图

表 2-2 钱江新城社会发展表

内容		2014 年	2015 年	2016 年
社会发展	劳动人员数量（人）	51459	59695	60475
	社会固定资产投资额（万元）	1156130	1126425	950703

在商务环境方面，钱江新城区域内金融业是"十五"期间发展最快的行业，金融机构数量呈现出"井喷式"发展，2016 年增长率达 26%。同时，大量聚集的需求拉高了区域商务成本，由于钱江新城 CBD 进入了快速发展期，办公楼宇的需求急剧上升，随之也带来了租金水平的不断上涨，但与北京、上海差距较大。在国际发展方面，钱江新城总部企业、外资企业总体基数不大，与其他成熟 CBD 有较大差距（见表 2-3、表 2-4，图 2-2）。

表 2-3　钱江新城商务环境表

	内容	2014 年	2015 年	2016 年
商务环境	金融投资企业数量（家）	262	316	399
商务环境	商务楼宇租赁价格（万元）	4.2	3.8	4.3
	商务楼宇入住率	66%	73%	80%

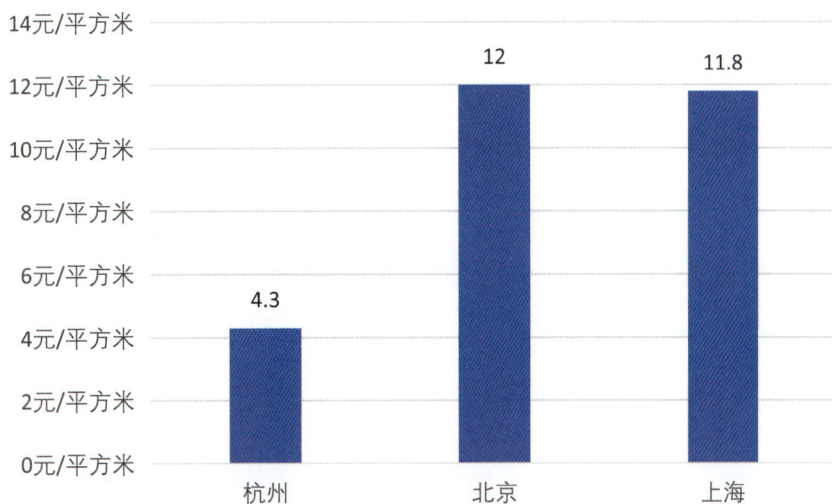

图 2-2　杭州、北京以及上海 2016 年 CBD 商务楼宇平均租金比较图

表 2-4　钱江新城国际环境表

	内容	2014 年	2015 年	2016 年
国际环境	总部企业数量（家）	18	21	25
	国际会展	2016 年成功举办 G20 峰会		

2.2　钱江新城影像合集

图 2-3　2001 年，钱江新城暨杭州大剧院开工奠基仪式

图 2-4　2002 年，钱江新城核心区鸟瞰图

图 2-5　2003 年，钱江新城核心区航拍图

图 2-6　2004 年，钱江新城核心区一览

图 2-7　2005 年，钱江新城核心区鸟瞰图

图 2-8　2006 年，钱江新城核心区鸟瞰图

图 2-9　2007 年，钱江新城核心区鸟瞰图

图 2-10　2008 年，钱江新城核心区鸟瞰图

图 2-11　2009 年，钱江新城核心区鸟瞰图

图 2-12　2010 年，钱江新城核心区一览

图 2-13 2011 年，钱江新城核心区一览
图 2-14 2012 年，钱江新城核心区一览

图 2-15　2013 年，钱江新城核心区一览

图 2-16　2015 年，钱江新城核心区一览

图 2-17　2016 年，钱江新城核心区鸟瞰图

图 2-18 2017 年，钱江新城核心区一览

图 2-19　2018 年，钱江新城核心区鸟瞰图

图 2-20　2019 年，钱江新城核心区一览

图 2-21 2020 年，钱江新城核心区一览

图 2-22 2021 年，钱江新城核心区一览

拥江发展·生态带
加强保护治理，打造山清水秀的自然生态带

图 2-23　桐庐县芦茨湾（金志勇 摄）

图 2-24　建德市下涯湿地（蔡庚崧 摄）

图 2-25　建德市新安江（潘劲草 摄）

图 2-26　富阳区东梓关（李治钢 摄）

拥江发展·文化带
加强传承利用，打造特色彰显的魅力文化带

图 2-27 淳安县文渊狮城（潘劲草 摄）

图 2-28 杭州市钱塘江文化节

图 2-29　建德市梅城镇（方德芳 摄）
图 2-30　富阳区龙门古镇（周荣 摄）

拥江发展·景观带
加强整合提升，打造风貌独特的公共景观带

图 2-31　建德市下涯镇（王建录 摄）

图 2-32　桐庐县迎春南路（张军 摄）

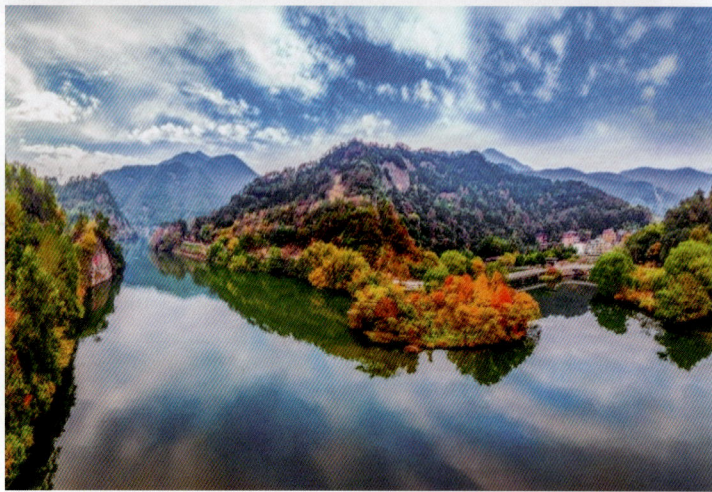

图 2-33 淳安县大市镇栗月坪村茶园（夏利新 摄）

图 2-34 桐庐县芦茨湾（张军 摄）

拥江发展·交通带
加强互联互通，打造便捷顺畅的综合交通带

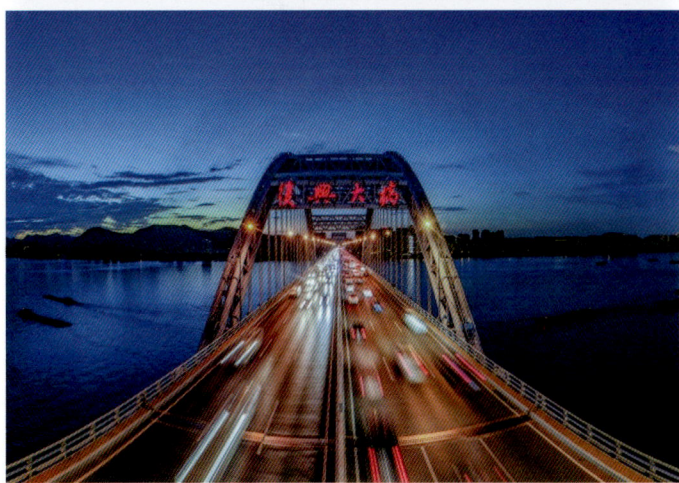

图 2-35　钱江一桥（吕海彬 摄）
图 2-36　钱江四桥（吕飞鸿 摄）

图 2-37 钱江三桥（魏立坤 摄）

拥江发展·产业带
加强转型升级，打造绿色高效的绿色产业带

图 2-38 滨江区海创园（吕海彬 摄）

图 2-39 钱塘区大创小镇

拥江发展·城市带
加强融合集成，打造功能完备的宜居城市带

图 2-40　江河汇地区效果图

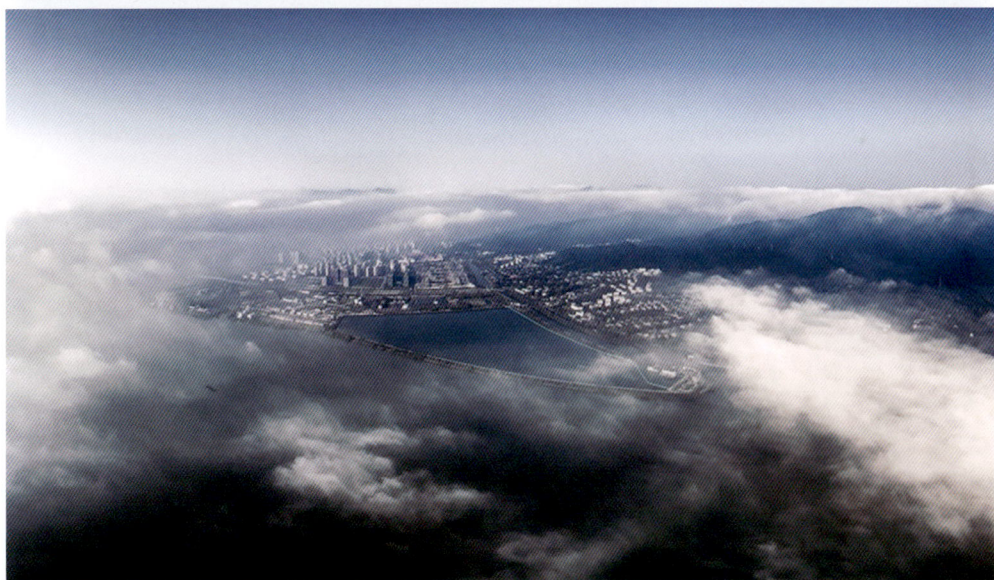

图 2-41 钱塘区金沙湖

图 2-42 西湖区之江新城（吕海彬 摄）

2.3 钱江新城管理成效

2.3.1 城市管理

钱江新城建设管理委员会自成立以来，以精细化管理手段，不断提升核心区综合管理水平。严格按照"一流设施、一流服务、一流管理"的总要求，以"五化"为标准，认真做好核心区管理。近5年来，管委会优化管理，定人定员，控制成本，开源挖潜。

2015年管委会完成零星维修500余项，抢修13项，配合举办各类活动47场，配合完成接待任务169批次。管理工作整体平稳有序，设施设备管理完好，全年无安全责任事故，无有效投诉。配合街道、社区加强安置房管理工作，协调处理和谐嘉苑、常青苑房屋渗漏水、电梯故障、用电安全、外墙面砖脱落等问题。

2016年为圆满完成G20峰会活动，管委会先后完成主阳台电力系统、电梯、空调、灯光、循环水系等设施设备的维护、改造工作；完成水景系统，B20峰会茶歇场地共计60余项整改和提升项目；完成核心区绿化提升、整改项目115项，确保城市阳台等重要峰会区域绿植以最佳姿态迎接外宾的到来；通过艰苦谈判协商，全面完成核心区剩余58户居民征迁工作及中嘉商贸公司、东升铝幕墙公司、胡庆余堂等剩余企业征迁工作。管委会先后按照规定时间点完成采荷南苑、爱大制药、胡庆余堂等建筑物的突击房屋拆除工作，做到安全有序，保证地块复绿工作的按时开展。

2017年管委会完成核心区森林公园、世纪花园年度"双最公园"检查考核提升整改工作；完成钱塘江文化艺术节、钱塘江国际冲浪活动、万人毅行等大型活动及地铁、博奥隧道施工配合工作；完成核心区主阳台、一号阳台、二号阳台、森林公园排水许可证办理。

2018 年管委会在核心区城市管理方面，积极做好城市阳台和地下车库监控提升工作；完成森林公园小平台及小木屋的木地板维修，及时完成城市阳台破损玻璃的更换。

2019 年全年配合保障核心区举办大型活动共计 60 余场，全面圆满完成包括亚洲美食节等大型活动的管理安保工作，配合完成接待任务 120 批次，管理工作整体平稳有序，设施设备管理完好，全年无安全责任事故，无有效投诉；配合完成市城管局关于地下停车库"城市大脑"提升改造工作；完成主阳台木地板维修，及时完成城市阳台各类应急维修任务。坚持每月检查两次核心区绿地管理维护情况，及时发现问题并反馈给养护单位要求立即整改。在全市"双最公园"评比中，世纪花园和森林公园排名稳步提升，进入前二十名。

多年来，管委会快速、准确、扎实地做好数字城管处置工作。2016 年认真处理数字城管案卷 4000 余份。2017 年至 2019 年 3 年时间内，管委会共计处理平台案卷约 17936 件，2018 年和 2019 年两年间累计处理 12319 热线投诉问题约 18 件，及时解决率和综合处理率都接近 100%，在 27 家市级部门单位案卷处理量排名中名列前茅。

2.3.2 资产管理

钱江新城管委会目前拥有自有物业 29 处，停车场 4 处。截至 2020 年已出租自有物业 24 处，空置物业 5 处。

2015 年起，钱江新城管委会为了规范国有资产处置和租赁行为，修订完成《国有资产租赁实施办法》《国有（固定）资产管理办法》。厘清自有资产，建立、更新自有资产资料库。积极协调代管代营期间存在的问题，帮助承租户解决困难。完成钱江苑商铺、世纪花园租赁，协调开业各项事宜，杭州国际交流中心已正式运营。

2017 年，管委会全年共出租自有物业 21 处，累计收取租金 1717.79 万元。

2018 年，管委会全年共出租自有物业 24 处，累计收取租金 1993.64 万元。城市阳台一号、二号地下停车库，望江公园地下停车库累计收取停车费 900 万元。

2019 年，管委会出租自有物业共计 25 处，累计收取 2303.74 万元。2019 年，管委会通过物业挂牌租赁，先后完成钱江七苑 3 幢底商，森林公园配套物业（原锦香来承租区域），新塘河 2-3、4-2、3-3、2-2、2-1，城市阳台主阳台展厅区域党群服务中心，城市阳台玻璃房等 9 个项目挂牌招租工作，实现新增合同租金共计达 7411.26 万元。

2020 年，收缴房屋租金共计 3508 万元，停车费收入 935 万元。

钱江新城资产基本情况如表 2-5 所示。

表 2-5　钱江新城资产基本情况表（截至 2021 年）

序号	物业		具体位置	面积（平方米）	业态
1	城市阳台配套物业		主阳台	4997.46	餐饮、展厅、书店
2					
3				7500	党群服务中心
4			二号阳台	750	餐饮
5			一号阳台	750	餐饮
6			CBD 公园下沉式广场	1040.46	餐饮
7	森林公园配套物业			2487	餐饮
8				103	茶室、轻餐饮
9	世纪花园配套物业			601.33	展示
10	钱江苑商铺		钱江四苑东区 11 幢底商	369.96	汽车清洗、美容
11			钱江七苑 3 幢底商	139.48	食品零售
12	新塘河特色商业街区	1 号街区	1-1	496.48	餐饮
13			1-2	427.52	教育培训、咖啡
14			1-3	527.15	高级服装定制
15			1-4	514.32	女装
16			1-5	518.85	餐饮
17		2 号街区	2-1	152.11	茶、餐饮
18			2-2	131.46	服装高级定制
19			2-3	363.09	教育培训
20			2-4	131	商业休闲

续表

序号	物业		具体位置	面积（平方米）	业态
21	新塘河特色商业街区	2 号街区	2-5.6	468.81	商业休闲
22			2-7	583.44	商业休闲
23			2-8	80.55	商业休闲
24		3 号街区	3-1	388.22	医疗美容、生活健康
25			3-2	548.62	护肤美容
26			3-3	480.04	高级服装定制
27		4 号街区	4-1	422.29	酒吧、餐饮
28			4-2	917.12	医疗美容、生活健康
29			4-3	658.04	展示展售

第三编

辉煌二十年 | 硕果累累的新城建设成果

- 政府项目篇
- 社会项目篇
- 城市规划篇
- 征地拆迁篇
- 地下空间篇

政府项目篇

- 市政工程　Municipal Engineering

- 民生保障　Livelihood Security

- 文体教育　Culture & Physical Education

- 园林绿化　Landscaping

- 其他项目　Other Projects

- 统计分析　Statistical Analysis

3.1　市政工程

杭州市城市发展形态由围绕西湖单一中心集中密集发展，逐渐转变为以钱塘江为轴线多中心组团式发展。未来杭州市用地发展将以主城为基础，跨江、沿江、网络化组图式布局，采用点轴结合的拓展方式，形成"一组三副、双心双轴、六大组团、六条生态链"的开放式空间结构。杭州主城规划将以建设国际风景旅游城市和国际历史文化名城为主，其中老城区因为用地空间及环境容量的限制，进一步发展受到了一定的制约，而钱江新城作为杭州未来的 CBD，是新兴的政治、文化、商业、商务和休闲娱乐中心，也是杭州主城区主要的建设开发和经济增长点，其区域性市政道路网络架构的建设直接影响着钱江新城的整体发展和面貌。

与 3 个副城相比，钱江新城最接近于杭州老城区，毗邻钱塘江，具有更好的区位优势和自然环境等条件，道路网的建设将完善主城和新城之间的交通联系，也将吸引更多的开发商入驻新城区块进行开发，使地块具有巨大的升值空间，促进城市产业发展和居住结构合理调整，加快城市空间重构。而与之相辅相成的隧道、河道、桥梁工程，也是市政建设的重要组成部分。市政建设整体的完善与协调，对改造市民居住环境、保障市民的正常生活、服务城市经济发展起着重要作用，也为打造钱江新城高品质的中央商务区起到了很好的推动作用。

3.1.1　市政道路

从现有杭州城市整体道路交通网络出发，钱江新城注重核心区域路网的科学、合理布置及与老城区、钱塘江南岸交通连接的可达性和便利性。钱江新城建设二十年以来，已累计完成城市道路建设 65 条，总长度 69138 米，总用地面积 2348438 平方米，总投资 309485 万元。

2002 年共建成 1 条道路，长度 817 米，用地面积 36757 平方米，绿化面积

6535 平方米，投资 1500 万元。1 条道路为新业路。

2004 年共建成 6 条道路，总长度 24717 米，总用地面积 1095035 平方米，总绿化面积 285270 平方米，总投资 133460 万元。6 条道路分别为解放东路、庆春东路、钱潮路、钱江路、望江东路和城星路。

2005 年共建成 10 条道路，总长度 7127 米，总用地面积 185302 平方米，总绿化面积 21926 平方米，总投资 12000 万元。10 条道路分别为丹桂路、公园路、剧院路、梁祝路、民心路、四季路、森林路、市民街、五星路和香樟路。

2007 年共建成 16 条道路，总长度 10922 米，总用地面积 299760 平方米，总绿化面积 42734 平方米，总投资 32750 万元。16 条道路分别为凤起东路，雷霆路，南星单元一号、二号、三号、四号支路，庆和路，庆谐路，望江区块四号、五号、六号、七号、八号、九号支路、姚江路和之江路。

2008 年共建成 2 条道路，总长度 8320 米，总用地面积 285253 平方米，总绿化面积 44800 平方米，总投资 31700 万元。2 条道路分别为富春路和江锦路。

2009 年共建成 3 条道路，总长度 1915 米，总用地面积 60693 平方米，总绿化面积 7928 平方米，总投资 7400 万元。3 条道路分别为候潮路（秋涛路—富春路）、江锦路延伸段和新塘路改造工程。

2011 年共建成 3 条道路，总长度 2004 米，总用地面积 57385 平方米，总绿化面积 10127 平方米，总投资 12500 万元。3 条道路分别为百安路、定海路和甬江路。

2012 年共建成 2 条道路，总长度 2819 米，总用地面积 65917 平方米。2 条道路分别为候潮路（钱江路—富春江路）和钱江路过街通道。

2013 年共建成 2 条道路，总长度 554 米，总用地面积 50426 平方米，总投资 18579 万元。2 条道路分别为近江单元九号支路延伸段和同协路。

2014 年共建成 7 条道路，总长度 4577 米，总用地面积 126302 平方米，总投资 38713 万元。7 条道路分别为景昙路、南星单元一号支路、南星单元甬江路以北二号支路、南星单元甬江路以北三号支路、三新路及电力管廊、三新路和新业路延伸段（含桥梁）。

2016 年共建成 3 条道路，总长度 1105 米，总用地面积 14790 平方米，总投资

2219 万元。3 条道路分别为 H 区块（金融城）规划支路、华日路和四季路。

2018 年共建成 4 条道路，总长度 2737 米，总用地面积 43957 平方米，总绿化面积 2197.85 平方米，总投资 9450 万元。4 条道路分别为钱江苑二期一号支路、钱江苑二期二号支路、钱江苑二期三号支路和钱江苑二期四号支路。

2019 年共建成 3 条道路，总投资 4161 万元。3 条道路分别为景芳三堡单元一号路、景芳三堡单元三号路和钱江新城单元（JG13）公园路。

2020 年共建成 1 条道路，长度 243 米，用地面积 1701 平方米，投资 474 万元。1 条道路为钱环支路（原 7 米路）。

此外，还有尚未明确建成时间的道路 2 条，分别为望江区块四号支路和望江区块五号支路，总长度 1178 米，总用地面积 23560 平方米，总投资 2500 万元。

目前，钱江新城规划中未建的城市道路共有 3 条，总长度 650 米，总用地面积 7843 平方米，总投资 5495 万元。3 条未建道路分别为采东路延伸段、JG1204-29 地块东南侧规划支路和中央公园路。

除上述提到的城市道路外，另有属于城东新城的道路共计 26 条，分别为车站南路（开发公司自建）、工农路、同协南路、沿江大道Ⅰ、Ⅱ、Ⅲ标段（含绿化及相关配套）、全福桥路、环站南路、钱江东路、环站东路（原创新路）、环站北路、天城路、花园兜路、学风巷、学风直弄、八号支路、天庐巷、地铁支路、彭埠支路、新塘路（含隧道）、邻里路、七号支路、铁西路、钱江路延伸线、源聚路、益汇路、观云巷和东宁路（原下宁路）北段。

钱江新城已建及未建道路汇总如表 3-1、表 3-2 所示。

表 3-1　钱江新城已建道路汇总表

建成年份	道路名称	起止范围	建设年限	长（米）	宽（米）	用地面积（平方米）	绿化面积（平方米）	项目总投资（万元）	备注
2002	新业路	之江北路—钱江路	2002—2002	817	45	36757	6535	1500	原名灵江路
	小　计			817		36757	6535	1500	
2004	解放东路	建国路—之江路	2002—2004	3610	46—49	183875	61874	29000	原名新安江路
	庆春东路	新塘路—之江路、富春路	2002—2004	3932	50—60	162140	11500	7900	
	钱潮路	钱江路—之江路	2002—2004	1859	30—50	23020	5577	2900	原名椒江路
	钱江路	姚江路—钱潮路	2002—2004	13010	40—50	585010	150460	85000	
	望江东路	秋涛路—之江路	2002—2004	1456	50	109900	30859	5660	
	城星路	钱江路—八号路	2003—2004	850	36	31090	25000	3000	原名曹娥江路
	小　计			24717		1095035	285270	133460	
2005	丹桂路	剧院路—民心路	2004—2005	605	26	15730	2360	12000	原10号路
	公园路	解放东路—香樟路	2004—2005	241	26	6266	723		原7号路
	剧院路	庆春东路—新业路	2004—2005	885	26	23010	2655		原13号路
	梁祝路	民心路—江锦路	2004—2005	200	26	5200	600		原12号路
	民心路	新业路—剧院路	2004—2005	1232	26	32032	3696		原9号路
	四季路	丹桂路—新业路	2004—2005	250	26	6500	750		原11号路
	森林路	城星路—市民街	2004—2005	214	26	5564	642		原6号路
	市民街	解放东路—清江路	2004—2005	1902	26	49452	5706		原4号路
	五星路	解放东路—清江路	2004—2005	945	26	24570	2835		原8号路
	香樟路	市民街—五星路	2004—2005	653	26	16978	1959		原5号路
	小　计			7127		185302	21926	12000	

续表

建成年份	道路名称	起止范围	建设年限	长（米）	宽（米）	用地面积（平方米）	绿化面积（平方米）	项目总投资（万元）	备注
2007	凤起东路	秋涛路—三新路	2005—2007	1782	40	93550	25020	10000	
	雷霆路	望江东路—闻潮路	2007—2007	300	12—20	5581	837	300	
	南星单元支路		2007—2007	2887	12—20	44892		7150	南星单元一号、二号、三号、四号支路
	庆和路	钱潮路—庆春东路	2005—2007	343	16	5448	817	300	钱潮路地块十号支路
	庆谐路	钱江路—富春路	2005—2007	381	16	6069	910	300	钱潮路地块十一号支路
	望江区块支路		2007—2007	2929	16—20	57820		3800	望江区块四号、五号、六号、七号、八号、九号支路
	姚江路	钱江路—之江路	2003—2007	900	45	37400	7800	8000	
	之江路	庆春东路—钱江路	2006—2007	1400	33—37	49000	7350	2900	
	小　计			10922		299760	42734	32750	
2008	富春路	之江东路—姚江路	2003—2008	6300	23—50	212533	19800	28700	原名富春江路
	江锦路	之江路—新塘路	2003—2008	2020	36	72720	25000	3000	原名奉化江路
	小　计			8320		285253	44800	31700	
2009	候潮路	秋涛路—富春路	2006—2009	770	24	18480	2556	2900	
	江锦路延伸段		2008—2009	400	34	14400	1200	600	
	新塘路改造	庆春东路—新业路	2008—2009	745	50	27813	4172	3900	
	小　计			1915		60693	7928	7400	

续表

建成年份	道路名称	起止范围	建设年限	长（米）	宽（米）	用地面积（平方米）	绿化面积（平方米）	项目总投资（万元）	备注
2011	百安路	定海路—新塘路	2008—2011	300	12	3065	460	200	核心区
	定海路	庆春东路—江锦路	2008—2011	410	12	4920	609	300	核心区
	甬江路	秋涛路—之江路	2005—2011	1294	45	49400	9058	12000	上城区
	小　计			2004		57385	10127	12500	
2012	候潮路	钱江路—富春江路	2006—2012	2700	24	64800			上城区
	钱江路过街通道	解放东路—新业路	2011—2012	119	5—7	1117		2079	核心区
	小　计			2819		65917		2079	
2013	近江单元九号支路延伸段	鲲鹏路—之江路	2013—2013	120	16	2194		351	上城区
	同协路	钱江路—沿江大道	?—2013	434	48	48232	两侧绿化带控制20米	18228	扩容区
	小　计			554		50426		18579	
2014	景昙路	解放东路—新业路段	2014—2014	550	20	11000		1000	核心区
	南星单元一号支路	姚江路—望江东路	2012—2014	1272	20	25512		4000	上城区
	南星单元甬江路以北二号支路	三号支路—钱江路	2009—2014	488	12	5900		250	上城区
	南星单元甬江路以北三号支路	望江路一号支路	2009—2014	387	12	4700		150	上城区
	三新路及电力管廊	凤起路—东农大路	2014—2014	340	36	12240		600	核心区
	三新路	凤起路—钱江路	2013—2014	650	36	23400		2976	核心区
	新业路延伸段（含桥梁）	钱江路—秋涛路	2012—2014	890	45	43550		29737	核心区
	小　计			4577		126302		38713	

续表

建成年份	道路名称	起止范围	建设年限	长（米）	宽（米）	用地面积（平方米）	绿化面积（平方米）	项目总投资（万元）	备注
2016	H区块（金融城）规划支路	秋涛路—中央公园路	2015—2016	310	10	3100		544	核心区
	华日路	解放东路—新业路	2015—2016	515	14	7210		1051	核心区
	四季路	秋涛路—中央公园路	2015—2016	280	16	4480		624	核心区
	小　计			1105		14790		2219	
2018	钱江苑二期一号支路	东农大路—凤起路	2018—2018	391	20	7824	391.2	500	
	钱江苑二期二号支路	凤起路—六号支路	2018—2018	1334	12—16	20010	1000.5	5300	
	钱江苑二期三号支路	一号支路—三新路	2018—2018	497	20	9940	497	2000	
	钱江苑二期四号支路	一号支路—唐家井路	2018—2018	515	12	6183	309.15	1650	核心区
	小　计			2737		43957	2197.85	9450	
2019	景芳三堡单元一号路	景芳路—三号路	2019—2019					2000	核心区
	景芳三堡单元三号路	顺福路—钱潮路	2019—2019					2000	核心区
	钱江新城单元（JG13）公园路	城星路—香樟路	2019—2019	103	16	1600		161	核心区
	小　计			103		1600		4161	
2020	钱环支路（原7米路）	太平门直街—规划四号支路	2019—2020	243	7	1701		474	核心区
	小　计			243		1701		474	
	望江区块四号支路	望江东路—婺江路		525	20	10500	525	2000	上城区

续表

建成年份	道路名称	起止范围	建设年限	长（米）	宽（米）	用地面积（平方米）	绿化面积（平方米）	项目总投资（万元）	备注
	望江区块五号支路			653	20	13060		500	上城区
	小　计			1178		23560	525	2500	
合　计				69138		2348438	422042.9	309485	

表 3-2　钱江新城未建道路汇总表

建成年份	道路名称	起止范围	建设年限	长（米）	宽（米）	用地面积（平方米）	绿化面积（平方米）	项目总投资（万元）	备注
\	采东路延伸段	杭海路—新塘路	未开工	200	20	4529		2611	核心区
	JG1204-29 地块东南侧规划支路	钱江路—之江东路	未开工	300	3	900		466	核心区
	中央公园路	新业路—杭海路	未开工	150	23	2414		2418	核心区
合　计				650		7843		5495	

3.1.2　隧道及下穿

隧道是供交通立体化、穿山越岭、越江等使用的，在城市中可减少用地，构成立体交叉，解决交叉路口的拥挤堵塞，疏导交通；在江河上可不影响通航，使路线平顺，保障行车安全，节省费用。

钱江新城建设二十年以来，累计完成隧道建设 7 条，建设总长度 13608.9 米，总用地面积 1177384 平方米，总投资 267808 万元。其中，钱江路地下通道和新城隧道于 2004 年建设完成，总建设长度 3955 米，总用地面积 81740 平方米，总投资 16900 万元；庆春路过江隧道于 2010 年建设完成，建设长度 5352 米，用地面积 850200 平方米，总投资 19500 万元；运河隧道于 2012 年建设完成，建设长度 1193 米，用地面积 10200 平方米，投资 69246 万元；地铁连接通道（城星路站）和地铁连接通道（江锦路站）于 2015 年建设完成，总建设长度 336.9 米，总投资 19300

万元。博奥隧道于 2021 年建成,建设长度 2772 米,用地面积 235244 平方米,投资 142862 万元。

除上述提到的隧道外,另有属于城东新城的隧道 1 条,为地下出租车通道,于 2013 年建设完成,用地面积 17800 平方米,投资 45000 万元。

钱江新城隧道及下穿汇总如表 3-3 所示。

表 3-3　钱江新城隧道及下穿汇总表

建成时间	隧道名称	建设年限	长(米)	宽(米)	封闭段长度(米)	双向车道数	限高(米)	用地面积(平方米)	绿化面积(平方米)	总投资(万元)	备注
2004	钱江路地下通道	2002—2004	1320	22	805	4	4.5	29040			与钱江路一起施工,总投资费用包含在钱江路工程
	新城隧道	2002—2004	2635	20	686	4	4.5	52700	4306	16900	城星路口-江锦路口
	小　计		3955					81740		16900	
2010	庆春路过江隧道	2006—2010	5352	17.5	3024	4	4.5	850200		19500	
2012	运河隧道(之江东路—运河东路)	2009—2012	1193	11.3	851	4	4.5	10200		69246	核心区
2015	地铁连接通道(城星路站)	2015—2015	167.7	21.3						9500	核心区

续表

建成时间	隧道名称	建设年限	长（米）	宽（米）	封闭段长度（米）	双向车道数	限高（米）	用地面积（平方米）	绿化面积（平方米）	总投资（万元）	备注
2015	地铁连接通道（江锦路站）	2015—2015	169.2	21.3						9800	核心区
	小　计		336.9							19300	
2021	博奥隧道（估算186000)（与萧山各50%）	2016—2021	2772	10.3	2545	4	4.5	235244		142862	核心区
	合　计		13608.9						1177384	267808	

3.1.3　河道

河道可在满足城市防洪排涝、航运等功能的基础上，挖掘和发展其自身特有的生态价值、文化价值、游憩价值，向包括生态维护、景观游憩、人文展示在内的复合式廊道转换。

钱江新城建设二十年以来，累计完成河道建设 6 条，建设总长度 5610 米，总用地面积 192040 平方米，总投资 132927 万元。其中，江干渠工程和新塘河工程于2004 年建设完成，建设总长度 4140 米，总用地面积 165600 平方米，总投资 19958万元；新开河整治工程（五福路—三新路）于 2008 年建设完成，建设长度 850 米，用地面积 18000 平方米，绿化面积 25500 平方米，投资 3800 万元；新开河改造工程于 2012 年完成，建设长度 370 米，用地面积 4440 平方米，投资 470 万元；新开河整治工程（三新路—运河西路）于 2014 年完成，建设长度 250 米，用地面积4000 平方米，投资 399 万元。此外，还有尚未明确建成时间的河道工程 1 项，为三堡排涝泵站及配套工程，投资 108300 万元。

规划中未建的河道工程 1 项，为江干渠河道综合整治及两岸绿化工程，建设长度 310 米，用地面积 8213 平方米，绿化面积 4946 平方米，投资 629 万元。

除上述提到的河道外，另有属于城东新城的河道工程 2 项，总建设长度 1050 米，总投资 950 万元。2 项河道工程分别为 2 号港景观工程和白石港河道整治工程。

钱江新城河道汇总如表 3-4 所示。

表 3-4　钱江新城河道汇总表

建成年份	河道名称	起止范围	建设年限	长（米）	宽（米）	用地面积（平方米）	绿化面积（平方米）	项目总投资（万元）	备注
2004	江干渠工程	胡庆余堂制药厂—江干排灌站	2002—2004	1000	40	40000		2273	
	新塘河工程	清江路—之江东路	2003—2004	3140	40	125600	125600	17685	
	小　计			4140		165600		19958	
2008	新开河整治工程	五福路—三新路	2005—2008	850	12	18000	25500	3800	
2012	新开河改造	新塘路—五福路	2012—2012	370	12	4440		470	核心区
2014	新开河整治工程	三新路—运河西路	2014—2014	250	16	4000		399	核心区
	三堡排涝泵站及配套							108300	扩容区
	合　计			5610		192040		132927	
未建	江干渠河道综合整治及两岸绿化工程	新业路—中央公园路	未开工	310	12	8213	4946	629	核心区

3.1.4　桥梁

桥梁是一种具有承载能力的架空建筑物，主要作用是供铁路、公路、渠道、管线和人群跨越江河、山谷或其他障碍，是交通线的重要组成部分。

钱江新城建设二十年以来，累计完成桥梁建设 24 座，建设总长度 556 米。其中，东水桥和新业桥于 2002 年建设完成，桥梁累计长度 60 米；钱潮桥、钱江路桥、望江东路跨新塘河桥梁和城星桥于 2004 年建设完成，桥梁累计长度 98 米；丹桂路桥、民心路桥、市民街桥和香樟路桥于 2005 年建设完成，桥梁累计长度 108 米；婺江路跨新塘河桥梁、甬江路跨新塘河桥梁、望潮路跨新塘河桥梁、闻涛路跨新塘河桥梁和吟潮路跨新塘河桥梁于 2007 年建设完成，桥梁累计长度 126 米；江锦桥于 2008 年建设完成，桥梁长度 30 米；新塘河排涝泵站工程桥梁于 2009 年建设完成；之江路上跨桥（望江公园）于 2011 年建设完成；新塘河妇女医院人行景观桥于 2015 年建设完成，桥梁长度 30 米；新塘河国贸大厦桥梁于 2016 年建设完成，桥梁长度 40 米。此外，还有尚未明确建成时间的桥梁 4 座，分别为近江桥、衢江桥、滨江中心桥以及江干渠桥，尚未明确建成时间的桥梁累计长度 64 米。

除上述提到的桥梁外，另有属于城东新城的桥梁工程 1 项，为陂头桥复建，桥梁长度 11 米，投资 80 万元。

钱江新城桥梁汇总如表 3-5 所示。

表 3-5　钱江新城桥梁汇总表

建成年份	桥梁项目名称	建设年限	桥梁长度（米）	桥梁宽度（米）	备注
2002	东水桥	2002—2004	30	48.5	解放东路（新安江路）工程新安江路跨新塘河桥梁
	新业桥	2002—2002	30	48.5	新业路（灵江路）跨新塘河桥梁
	小　计		60		
2004	钱潮桥	2002—2004	26	40	钱潮路跨新塘河桥梁
	钱江路桥	2002—2004	16	50	解放东路（凯旋路—钱江路）新开河桥梁
	望江东路跨新塘河桥梁	2002—2004	26	54	望江东路跨新塘河桥梁
	城星桥	2003—2004	30	39.5	城星路（曹娥江路）工程桥梁
	小　计		98		
2005	丹桂路桥	2004—2005	28	26	丹桂路（核心区之路工程 10 号路）跨新塘河桥梁
	民心路桥	2004—2005	28	26.6	民心路（核心区之路工程 9 号路）跨新塘河桥梁
	市民街桥	2004—2005	26	26	市民街（核心区之路工程 4 号路）跨新塘河桥梁
	香樟路桥	2004—2005	26	26	香樟路（核心区之路工程 5 号路）跨新塘河桥梁

续表

建成年份	桥梁项目名称	建设年限	桥梁长度（米）	桥梁宽度（米）	备注
	小 计		108		
2007	婺江路跨新塘河桥梁	2005—2007	20	40.6	婺江路工程（富春路—之江路）跨新塘课桥梁
	甬江路跨新塘河桥梁	2005—2007	20	49	甬江路（秋涛路—之江路）工程跨新塘河桥梁
	望潮路跨新塘河桥梁	2007—2007	30	23	
	闻涛路跨新塘河桥梁	2007—2007	30	23	
	吟潮路跨新塘河桥梁	2007—2007	26	12	二号支路桥
	小 计		126		
2008	江锦桥	2003—2008	30	39.5	江锦路跨新塘河桥梁
2009	新塘河排涝泵站工程桥梁	2008—2009		40	
2011	之江路上跨桥（望江公园）	2011—2011			桥面面积 545 平方米
2015	新塘河妇女医院人行景观桥	2013—2015	30	5	
2016	新塘河国贸大厦桥梁	2015—2016	40	10	跨 31.35 米箱梁
	近江桥		16	12.5	
	衢江桥		20	20.25	
	滨江中心桥		12	13.5	
	江干渠桥		16	26	
合 计			556		

3.2 民生保障

关注民生、保障民生、改善民生始终是各级政府的工作重点。钱江新城建设发展的二十年中，杭州市委市政府、钱江新城建设指挥部始终把民生保障列为工作的重点，把有限的公共资源用到群众最需要的地方，在农居安置房及配套公建、医院方面开展了相应的建设。

3.2.1 安置房

钱江新城建设二十年以来，累计建设完成安置房项目 11 个，总用地面积349010 平方米，总建筑面积 1210509 平方米，总绿化面积 104835.9 平方米。

2005 年共建设完成 3 个安置房项目，总用地面积 94900 平方米，总建筑面积203831 平方米，总绿化面积 28262 平方米。3 个安置房项目分别为 R21-08 组团、R21-12 组团和 R21-13 组团。

2006 年共建设完成 1 个安置房项目，用地面积 34500 平方米，建筑面积 63025平方米，绿化面积 10020 平方米。1 个安置房项目为 R21-05 组团。

2009 年共建设完成 2 个安置房项目，总用地面积 48650 平方米，总建筑面积121945 平方米，总绿化面积 14658 平方米。2 个安置房项目分别为 R21-10 组团和R21-11 组团。2005 年、2006 年以及 2009 年建设完成的安置房项目共投资 190000万元。

2011 年共建设完成 3 个安置房项目，总用地面积 139206 平方米，总建筑面积606823 平方米，总绿化面积 41861.6 平方米，总投资 195221 万元。3 个安置房项目分别为核心区 F01 安置房、核心区 F-02 安置房和核心区 F-08、F-10 安置房。

2015 年共建设完成 1 个安置房项目，建筑面积 80585.52 平方米，投资 30000 万元，1 个安置房为南星单元 B-R21-03 地块农转非居民拆迁安置房（含城市居民）。

2018 年共建设完成 1 个安置房项目，用地面积 31754 平方米，建筑面积 134299.7 平方米，绿化面积 10034.264 平方米。1 个安置房项目为钱江苑安置房。

目前，钱江新城在建安置房项目 2 个，总用地面积 53049 平方米，总建筑面积 203066.8 平方米，总绿化面积 15914.7 平方米，总投资 94898 万元。2 个在建安置房项目分别为景芳三堡单元 JG1202-33 地块安置房和景芳三堡单元 JG1202-29 地块安置房。

除上述提到的安置房项目外，另有属于城东新城的安置房项目 9 个，分别为彭埠单元 R21-09 地块安置房、彭埠单元 R21-12 地块安置房、彭埠单元 R21-20 地块公租房、彭埠单元 R21-13 地块安置房、天城单元 R21-18 地块安置房、彭埠单元 R21-29 地块安置房、彭埠单元 R21-22 地块安置房、彭埠单元 R21-26 地块安置房和彭埠单元 R21-10 地块安置房（暂命名）。

钱江新城安置房项目汇总如表 3-6 所示。

表 3-6　钱江新城安置房项目汇总

建成年份	项目名称	建设时间	用地面积(平方米)	建筑面积(平方米)					绿化面积(平方米)	机动车停车位		非机动车停车位		幢数(幢)	套数(套)			小区名称	总投资(万元)	备注
				安置房面积	商铺面积	配套面积	地下面积	合计		地上(个)	地下(个)	地上(个)	地下(个)		已安置套数	未安置套	合计			
2005	R21-08组团	2003—2005	14700	42070	2260	796	8933	54059	4400	14	94	2800(平方米)		6	456	3	459	钱江六苑		
	R21-12组团	2003—2005	28100	42066		4144	8439	54649	8430	43	102	700		12	1195	78	443	钱江三苑		
	R21-13组团	2003—2005	52100	80036		4596	10491	95123	15432	31	210	1320		24			830			
	小　计		94900					203831	28262										190000	
2006	R21-05组团	2004—2006	34500	53554	4447	435	4589	63025	10020	37	125	6352(平方米)		17	570	4	574	钱江七苑		
2009	R21-10组团	2006—2009	21450	48143	1200	750	12692	62785	6468	24	194	3225(平方米)		6	354	54	458	钱江四苑西区		
	R21-11组团	2006—2009	27200	50420	1808	602	6330	59160	8190	16	149	3878(平方米)	1000(平方米)	12	428	103	576	钱江四苑东区		
	小　计		48650					121945	14658											
2011	核心区F01安置房	2008—2011	29350		102745		24711	127456	8810	31	390	3150		8			1064		14350	核心区
	核心区F-02安置房	2008—2011	47384		165844		35612	201456	14310	57	698	190	3517						70217	
	核心区F-08,F-10安置房	2008—2011	62472		218651		59260	277911	18741.6	98	882	200	5800	16					110654	
	小　计		139206					606823	41861.6										195221	

续表

建成年份	项目名称	建设时间	用地面积（平方米）	建筑面积(平方米)					绿化面积（平方米）	机动车停车位		非机动车停车位		幢数（幢）	套数（套）			小区名称	总投资（万元）	备注
				地上面积			地下面积	合计		地上(个)	地下(个)	地上(个)	地下(个)		已安置套数	未安置套数	合计			
				安置房面积	商铺面积	配套面积														
2015	南星单元B-R21-03地块农转非居民拆迁安置房(含城市居民)	2013—2015		52478.91	152.9（其他面积）	1023	26930.71	80585.52		42	370	52	1575					上城区	30000	
2018	钱江苑安置房	2011—2018	31754	109279.29		138.97		134299.7	10034.264	58	458	6041						核心区		
	合　计		349010					1210509	104835.9										415221	
在建	景芳三堡单元JG1202-33地块安置房	2020—	29916	60799.36		4539.49	40623.42	101422.78	8974.8	82	697	63	1360					核心区	44569	
	景芳三堡单元JG1202-29地块安置房	2020—	23133	57919		3416	39185	101644	6939.9	14	736	650	800	16				核心区	50329	
	小　计		53049					203066.8	15914.7										94898	

3.2.2　配套公建

为钱江新城居民提供便利条件，钱江新城的配套公建主要包括医院、农贸市场、活动中心以及配套服务设施等。钱江新城建设二十年以来，累计已完成配套公建项目 16 个，总用地面积 1257986 平方米，总建筑面积 1402278.7 平方米，总投资 935646.9 万元。

其中，杭州大剧院于 2004 年建设完成，用地面积 763000 平方米，建筑面积 55000 平方米，投资 90000 万元；新城大楼于 2006 年建设完成，用地面积 5911 平方米，建筑面积 26924 平方米，投资 8870.93 万元；杭州市消防指挥中心大楼于 2007 年建设完成，用地面积 22000 平方米，建筑面积 25317 平方米；波浪文化城和城市阳台于 2008 年建设完成，总用地面积 189100 平方米，总建筑面积 254902 平方米，总投资 170000 万元；国际会议中心于 2010 年建设完成，用地面积 47810 平方米，建筑面积 126296 平方米，投资 160000 万元；钱江苑农贸市场于 2011 年建设完成，用地面积 2371 平方米，建筑面积 7557 平方米，绿化面积 474 平方米，投资 1800 万元；妇女活动中心于 2013 年建设完成，用地面积 16429 平方米，建筑面积 60302 平方米，绿化面积 2464.35 平方米，总投资 28612 万元；妇女医院和市民中心于 2014 年建设完成，总用地面积 73700 平方米，总建筑面积 679720 平方米，总投资 395079 万元；钱江新城核心区钱江路以西 F-07 地块配套服务用房和南星 D-09 配套（含派出所）于 2015 年建设完成，总用地面积 9766 平方米，总建筑面积 52960 平方米，总绿化面积 2173.6 平方米，总投资 22390 万元；钱江新城核心区新塘河绿道配套项目（地铁配套设施）于 2016 年建设完成，用地面积 82595 平方米，建筑面积 12589 平方米，绿化面积 46491 平方米，投资 15345 万元；景芳单元 R22-03 地块配套公共服务设施于 2020 年建设完成，用地面积 3400 平方米，建筑面积 21975 平方米，投资 8600 万元；此外，还有尚未明确建成时间的配套公建项目 2 个，为邻里中心和杭州市中级人民法院，邻里中心用地面积 6805 平方米，建筑面积 27600 平方米，投资 10950 万元；杭州市中级人民法院用地面积 35099 平方米，建筑面积 51136.7 平方米，投资 24000 万元。

目前，钱江新城在建配套公建项目 2 个，总用地面积 13617 平方米，总建筑面积 50103 平方米，总绿化面积 3908.6 平方米，总投资 69986 万元；分别为钱塘江博物馆和凯旋单元 JG1003-10（原 FG20-R21-14）公共租赁房。

除上述提到的配套公建项目外，另有属于城东新城的配套公建项目 4 个，总投资 467590 万元，4 个配套公建项目分别为天城单元 R22-11 配套服务中心、彭埠单元 R22-19 地块配套服务中心项目、西广场区块配套设施项目和东广场区块配套设施项目。

图 3-1 和图 3-2 为杭州市消防指挥中心大楼、妇女医院以及邻里中心 3 个配套公建照片。

钱江新城配套公建项目汇总如表 3-7 所示。

图 3-1 杭州市消防指挥中心大楼、妇女医院

图 3-2　邻里中心

表 3-7　钱江新城配套公建项目汇总表

| 建成年份 | 项目名称 | 建设年限 | 用地面积（平方米） | 建筑面积（平方米） | | | 绿化面积（平方米） | 机动车停车位 | | 非机动车停车位 | 楼高（米） | 总投资（万元） | 备注 |
				地上面积	地下面积	合计		地上（个）	地下（个）				
2004	杭州大剧院	2001—2004	763000	55000				92	535		35	90000	
2006	新城大楼	2003—2006	5911	23150	3774	26924		119			16层	8870.93	
2007	杭州市消防指挥中心大楼		22000	25317							99.7		
2008	波浪文化城	2005—2008	47000	124000				800				70000	
2008	城市阳台	2005—2008	142100	130902				1400				100000	
	小　计		189100	254902								170000	
2010	国际会议中心	2005—2010	47810	74209	52087	126296			445		85	160000	
2011	钱江苑农贸市场	2010—2011	2371	4906	2651	7557	474	2	23	342	24	1800	核心区
2013	妇女活动中心		16429	46970	13332	60302	2464.35	1345				28612	上城区

续表

建成年份	项目名称	建设年限	用地面积（平方米）	建筑面积（平方米）			绿化面积（平方米）	机动车停车位		非机动车停车位	楼高（米）	总投资（万元）	备注
				地上面积	地下面积	合计		地上（个）	地下（个）				
2014	妇女医院	2009—2014	15000	74800	24600	99400		324			90	55079	上城区
	市民中心		58700			580320			424			340000	核心区
	小　计		73700			679720						395079	
2015	钱江新城核心区钱江路以西 F-07 地块配套服务用房	2011—2015	5358	14460	8400	22860	1071.6	7	91	813	限高40米	11690	核心区
	南星 D-09 配套（含派出所）	2012—2015	4408	20240	9860	30100	1102	23	149	770	59.9	10700	上城区
	小　计		9766	34700	18260	52960	2173.6					22390	
2016	钱江新城核心区新塘河绿道配套项目（地铁配套设施）	2015—2016	82595	9298	3291	12589	46491					15345	核心区
2020	景芳单元 R22-03 地块配套公共服务设施	2016—2020	3400	14768	7207	21975		10	108	560	52	8600	核心区
	邻里中心		6805			27600						10950	核心区
	杭州市中级人民法院		35099			51136.7						24000	核心区
	合　计		1257986			1402278.7						935646.9	
在建	钱塘江博物馆	2020—	3387	4062	7472	11535	848.6	49		216	24	17008	核心区
	凯旋单元 JG1003-10（原 FG20-R21-14）公共租赁房	2020—	10230	25500	13068	38568	3060	5	250	598	限高60米	52978	核心区
	小　计		13617	29562	20540	50103	3908.6					69986	

3.3 文体教育

集中了杭州一批高档楼盘的钱江新城，在教育布局上也走"高端路线"，杭州高级中学新校区、北京师范大学杭州附属中学纷纷落户新城，且从幼儿园到高中，名校布局日渐完善。按照规划，钱江新城未来居住人口在 3.5 万人左右，涉及上城区，这里对钱江新城的新建学校非常重视，配置了最优质的教育资源。钱江新城建设二十年以来，累计完成学校建设 12 所，总用地面积 235613.5 平方米，总建筑面积 263638.28 平方米，总投资 170323 万元。

采荷实验中学于 2007 年建设完成，用地面积 25240 平方米，建筑面积 18540 平方米，绿化面积 9164 平方米，投资 3500 万元。

R22-08 钱江苑配套幼儿园于 2009 年建设完成，用地面积 4550 平方米，建筑面积 2924 平方米，绿化面积 1593 平方米，投资 1200 万元。

2011 年共建设完成 3 所学校，总用地面积 20785 平方米，总建筑面积 17613 平方米，总绿化面积 7272 平方米，总投资 8600 万元。3 所学校分别为 F-03 核心二期幼儿园、采荷二小江锦校区和 J03/04 常青村安置房配套幼儿园。

2014 年共建设完成 2 所学校，总用地面积 49062.5 平方米，总建筑面积 72635.26 平方米，总绿化面积 17010.4 平方米，总投资 25675 万元。2 所学校分别为勇进中学和南星单元 E-07 幼儿园。

2015 年共建设完成 2 所学校，总用地面积 97020 平方米，总建筑面积 117617.1 平方米，总投资 122949 万元。2 所学校分别为杭高钱江新城校区和南星单元 B-05 地块幼儿园。

景芳三堡单元 JG1202-37 地块幼儿园于 2020 年建设完成，用地面积 4784 平方米，建筑面积 6802.92 平方米，投资 3549 万元。

此外，还有尚未明确建成时间的学校 2 所，分别为钱江苑配套小学和胜利小学，总用地面积 34172 平方米，总建筑面积 27506 平方米，总绿化面积 12255 平方米，总投资 4850 万元。

目前，钱江新城规划中未建的学校有 3 所，总建筑面积 20775 平方米，总投资 20235 万元。3 所未建学校分别为景芳单元 FG02-R22-04 幼儿园、景芳单元 FG03-R22-08 幼儿园和景芳单元 FG-02-R22-05 小学。

除上述提到的学校外，另有属于城东新城的学校 5 所，分别为天城单元 R22-07 幼儿园、彭埠单元 R22-13 幼儿园主体、彭埠单元 R22-07 地块幼儿园、彭埠单元 R22-06 地块小学和天城单元 R22-01 地块幼儿园项目。

钱江新城学校汇总如表 3-8 所示。

表 3-8 钱江新城学校汇总表

| 建成年份 | 项目名称 | 建设年限 | 用地面积（平方米） | 建筑面积（平方米） | | | 绿化面积（平方米） | 机动车停车位（个） | 非机动车停车位（个） | 楼高（米） | 规模 | 总投资（万元） | 备注 |
				地上面积	地下面积	合计							
2007	采荷实验中学	2006—2007	25240	15440	3100	18540	9164	50	803(平方米)	21.3	36班	3500	
2009	R22-08钱江苑配套幼儿园	2007—2009	4550			2924	1593			12.6	9班	1200	
2011	F-03核心二期幼儿园	2010—2011	4665			3749	1633	4		12.35	12班	2000	核心区
	采荷二小江锦校区	2010—2011	13400			11247	4687	9		20.25	24班	5000	核心区
	J03/04常青村安置房配套幼儿园	2010—2011	2720			2617	952	2	10	4层	9班	1600	核心区
	小　计		20785			17613	7272					8600	
2014	勇进中学	2011—2014	45833	41727.8	28783.02	70510.86	16041.55	470	1694	50	45班	24095	上城区
	南星单元E-07幼儿园	2011—2014	3229.5	1895.4	229	2124.4	968.85	9	10	15	6班	1580	上城区
	小　计		49062.5	43623	29012	72635.26	17010.4					25675	
2015	杭高钱江新城校区	2009—2015	92705	105014	8870	113884.1					48班	120000	扩容区
	南星单元B-05地块幼儿园	2011—2015	4315	2589	1144	3733	1510.25	13	98	15	9班	2949	上城区
	小　计		97020	107603	10014	117617.1						122949	

续表

建成年份	项目名称	建设年限	用地面积(平方米)	建筑面积(平方米)			绿化面积(平方米)	机动车停车位(个)	非机动车停车位(个)	楼高(米)	规模	总投资(万元)	备注
				地上面积	地下面积	合计							
2020	景芳三堡单元JG1202-37地块幼儿园	2019—2020	4784	4749.14	2053.78	6802.92		34	83	15		3549	核心区
	钱江苑配套小学		16872	12785	881	13666	6200	23	533(平方米)	21	36班	2200	
	胜利小学		17300		13840		6055				24班	2650	
合　计			235613.5		263638.28							170323	
未建	景芳单元FG02-R22-04幼儿园				3525						12班	600	扩容区
	景芳单元FG03-R22-08幼儿园	未建	3820		2850		1137			15	9班	2535	扩容区
	景芳单元FG-02-R22-05小学		17600	13200	1200	14400	6160			21	30班	17100	
小　计					20775							20235	

3.4　园林绿化

区域内绿化空间的主要功能是提供游乐和休闲的场所，在密集度高的建筑群中起到生态环境改善的目的。钱江新城作为杭州未来的行政、经济、文化活动中心，并非只是"水泥森林"，它要打造的是花园式中央商务区，为居民工作和生活营造一流的环境，成为市民娱乐、休闲的绿色新天堂，让市民共享"生活品质之城"。

公园作为城市可持续发展的开放空间，是市民保持身心健康所必须的生态基础设施。它不仅是城市居民主要的休闲游憩活动场所，也是市民文化的传播场所。钱江新城坚持"以人为本，绿色生态"的理念，规划了森林公园、世纪花园以及望江公园，这些公园的建设将极大地改善区块的生态环境，创造良好的城市环境，提升钱江新的 CBD 形象，营造良好的城市开敞空间，拉近城市与自然的距离。

钱江新城建设二十年以来，累计完成公园建设 3 个，总用地面积 114907 平方米，总建筑面积 23975 平方米，总停车位 484 个。3 个公园分别为森林公园、世纪花园和望江公园。其中，森林公园和世纪花园于 2005 年建设完成，望江公园于 2011 年建设完成；除上述提到的公园外，另有属于城东新城的公园 1 个，为元宝塘公园，用地面积 19300 平方米，投资 8700 万元。

钱江新城公园汇总如表 3-9 所示。

表 3-9　钱江新城公园汇总表

建成年份	项目名称	起止年限	用地面积（平方米）	建筑面积（平方米）			车位（平方米）	备注
				地上	地下	合计		
2005	森林公园	2004—2005	38800	1908	748	2656		
	世纪花园	2004—2005	31907				184	
2011	望江公园	2010—2011	44200	1721	19598	21319	300	
合　计			114907			23975	484	

3.5 其他项目

除上述提到的项目外，仍有一些其他项目无法归于上述政府项目分类中，但这些项目同样是钱江新城发展建设中不可缺少的一部分，且投资金额较大，因而将这些项目归类于其他政府项目中。钱江新城建设二十年以来，累计建设完成其他政府项目 10 个，总投资 96985 万元。

2014 年共建设完成其他政府项目 1 个，投资 5000 万元，1 个其他政府项目为核心区亮灯整治工程。

2016 年共建设完成其他政府项目 4 个，总投资 18723 万元，4 个其他政府项目分别为核心区亮灯整治工程一期、钱江新城富春路（清江路—之江东路）污水管道系统改造工程、新塘河绿道亮灯工程、核心区综合整治工程。

2017 年共建设完成其他政府项目 3 个，总投资 51600 万元，3 个其他政府项目分别为核心区亮灯整治工程二期（三大项目）、核心区亮灯整治工程二期（主题灯光）、核心区配套设施及提升（厕所、地面整治等）工程。

2019 年共建设完成其他政府项目 1 个，投资 6662 万元，1 个其他政府项目为钱管局应急中心复建项目。

2020 年共建设完成其他政府项目 1 个，投资 15000 万元，1 个其他政府项目为钱江新城（和谐嘉园、闻潮尚庭）外立面提升工程。

规划中未建的其他政府项目 5 个，总投资 29400 万元，5 个未建其他政府项目分别为二污干管迁改（G-04、杭海路）、一污干管迁改（渔人码头）、核心区品质提升工程（含之江路景观配套提升工程、核心区大修项目）、钱江新城核心区建筑亮灯提升工程和钱江新城核心区景观照明提升完善工程（一期）。

除上述提到的其他政府项目外，另有属于城东新城的其他政府项目 1 个，为杭州铁路东站枢纽西广场二期工程，投资 60000 万元。

钱江新城其他政府项目汇总如表 3-10 所示。

表 3-10　钱江新城其他政府项目汇总表

建成年份	项目名称	建设年份	总投资（万元）	备注
2014	核心区亮灯整治工程	2014—2014	5000	核心区
2016	核心区亮灯整治工程一期	2015—2016		核心区
	钱江新城富春路（清江路—之江东路）污水管道系统改造工程	2015—2016	7596	核心区
	新塘河绿道亮灯工程	2016—2016	1800	核心区
	核心区综合整治工程	2016—2016	9327	核心区
	小　计		18723	
2017	核心区亮灯整治工程二期（三大项目）	2015—2017	12000	核心区
	核心区亮灯整治工程二期（主题灯光）	2015—2017	39000	核心区
	核心区配套设施及提升（厕所、地面整治等）工程	2017—2017	600	核心区
	小　计		51600	
2019	钱管局应急中心复建项目	2017—2019	6662	核心区
2020	钱江新城（和谐嘉园、闻潮尚庭）外立面提升工程	2019—2020	15000	核心区
合　计			96985	
未建	二污干管迁改（G-04、杭海路）	未建		核心区
	一污干管迁改（渔人码头）	未建		核心区
	核心区品质提升工程（含之江路景观配套提升工程、核心区大修项目）	未建	10000	核心区
	钱江新城核心区建筑亮灯提升工程	未建	15000	核心区
	钱江新城核心区景观照明提升完善工程（一期）	未建	4400	核心区
	小　计		29400	

3.6　统计分析

3.6.1　基本介绍

2001—2020 年这二十年间，钱江新城政府项目方面的建设资金可分为两部分：一部分是用于自建项目的投资资金，另一部分是用于建设的其他拨款。其中，用于建设的其他拨款分为三部分：第一部分为杭州市钱江新城投资集团有限公司相关拨款，包括杭州市钱江新城建设开发有限公司、杭州市城东新城建设投资有限公司、杭州钱江新城资产经营管理投资有限公司、杭州市铁路投资集团有限公司、杭州市钱江新城投资集团有限公司以及市民中心建设指挥部；第二部分为市政府投资总包相关拨款，包括杭州市地铁集团有限公司和杭州市妇女医院（筹）；除此之外，未归于上述两个部分的其他项目，为第三部分。

二十年来，钱江新城政府项目方面的建设总资金为 487.61 亿元。其中，用于自建项目的投资总资金为 347.45 亿元，用于建设的其他总拨款为 140.16 亿元，具体数据如表 3-11 所示。

表 3-11　钱江新城政府项目方面建设资金表

（单位：亿元）

| 年份 | 用于自建项目的投资资金 | 用于建设的其他拨款 | | | | | | | | | | | 总计 |
| | | 杭州市钱江新城投资集团有限公司 | | | | | 市民中心建设指挥部 | 市政府投资总包 | | 其他项目 | 小计 | |
		杭州市钱江新城建设开发有限公司	杭州市城东新城建设投资有限公司	杭州钱江新城资产经营管理投资有限公司	杭州市铁路投资集团有限公司	杭州市钱江新城投资集团有限公司		杭州市地铁集团有限公司	杭州市妇女医院（筹）			
2001	0.46											0.46
2002	21.28	0.50									0.50	21.78
2003	19.43											19.43
2004	10.27											10.27
2005	7.84	1.50									1.50	9.34
2006	11.84		2.00					0.40			2.40	14.24
2007	31.13		8.00					2.10			10.10	41.23
2008	36.87	6.00						1.60			7.60	44.47
2009	16.23							3.06			3.06	19.29
2010	16.21							2.25	0.08	0.01	2.34	18.55
2011	26.48		10.00					2.36		0.03	12.39	38.87
2012	27.35			1.00	19.50			2.52			23.02	50.37
2013	18.45			9.00	0.04		5.45	6.67	0.30	0.03	21.49	39.94
2014	24.42	15.00	10.00			20.00	2.50	1.63			49.13	73.55
2015	16.80											16.80
2016	12.01									0.03	0.03	12.04
2017	19.62							2.94			2.94	22.56
2018	14.78							3.66			3.66	18.44
2019	9.01											9.01
2020	6.97											6.97
总计	347.45	23.00	30.00	10.00	19.54	20.00	7.95	29.19	0.38	0.10	140.16	487.61

3.6.2 建设资金统计分析

图 3-3 为钱江新城政府项目累积年投资资金情况柱状图。从中可以看出，2001—2006 年间，钱江新城政府项目累积年投资资金增长比较缓慢，2006—2014 年间，增长幅度较大，2014 年以后，累积年投资资金的增长又趋于缓慢。图 3-4 为政府项目中用于自建项目的年投资资金情况柱状图。从中可以看出，2008 年用于自建项目的年投资资金数额最大，2001 年用于自建项目的年投资资金数额最小。图 3-5 为政府项目中用于建设的年其他拨款情况图。从中可以看出，除去没有年其他拨款的年份，2014 年用于建设的年其他拨款数额最大，2016 年用于建设的年其他拨款数额最小。

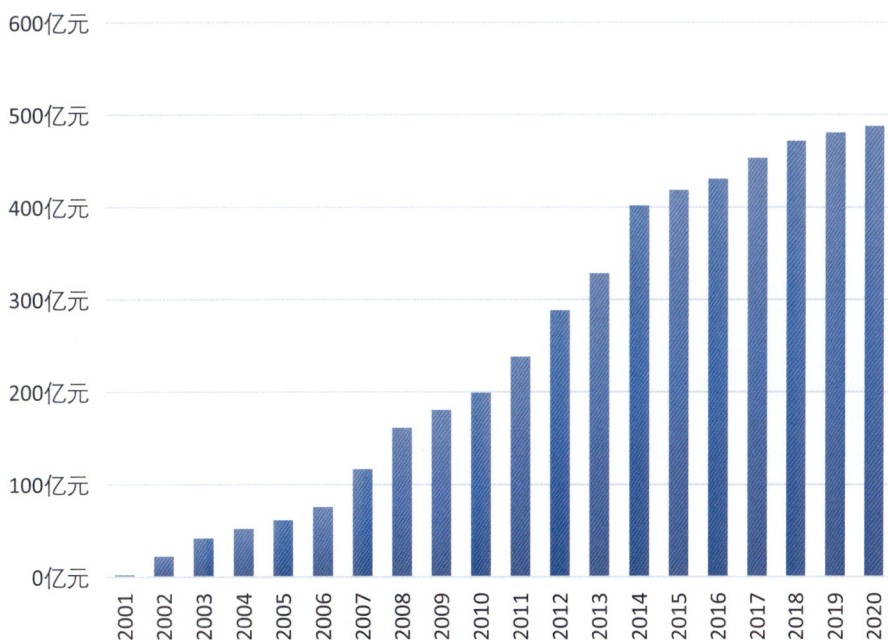

图 3-3　政府项目累积年投资资金情况柱状图

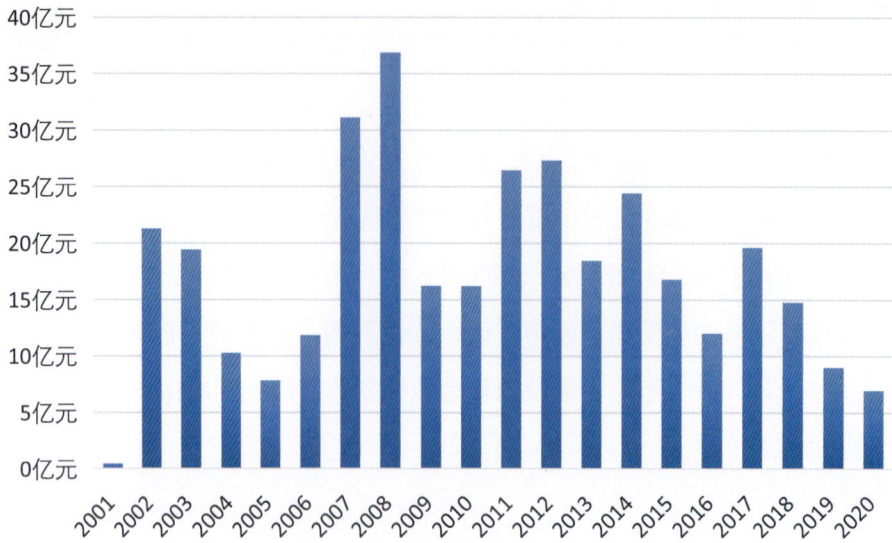

图 3-4　用于自建项目的年投资资金情况柱状图

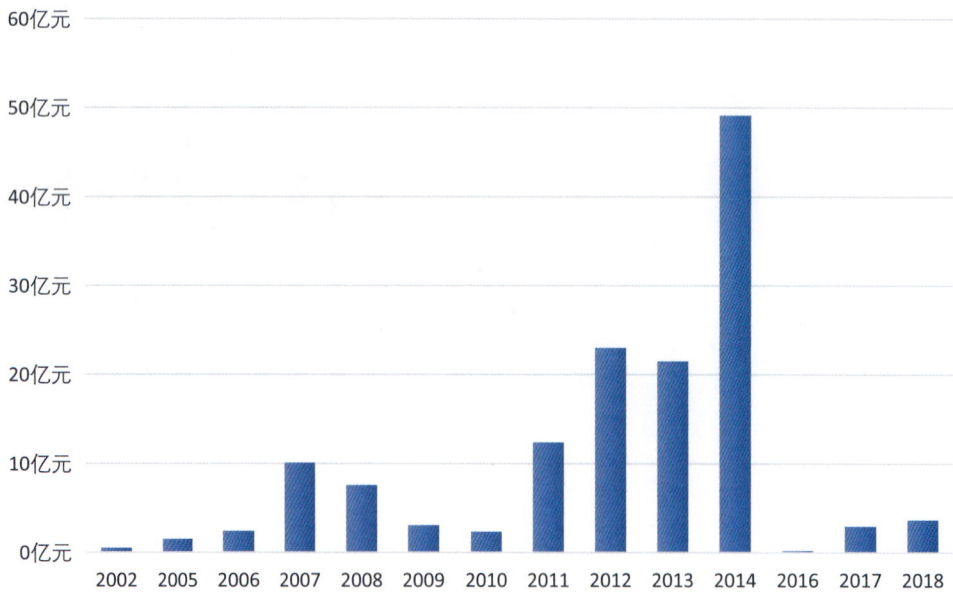

图 3-5　用于建设的年其他拨款情况柱状图

社会项目篇

● 土地出让　Land Transfer

● 社会公建　Social Public Projects

● 商业住宅　Commercial Residence

4.1　土地出让

　　钱江新城建设是贯彻实施杭州市委、市政府"城市东扩，旅游西进，沿江开发，跨江发展"战略的重大举措之一，也是新世纪杭州构筑大都市、建设新天堂的"领头雁"。2001 年 5 月 15 日杭州市钱江新城建设指挥部正式成立。同年 7 月 1 日钱江新城暨杭州大剧院的开工奠基，标志着杭州城市建设由"西湖时代"跨入了"钱塘江时代"。此后，钱江新城的建设拉开序幕，展开了轰轰烈烈的地块征迁和区块建设工作，为钱江新城基础设施建设的全面开工奠定了坚实的基础。

　　随着城市化进程的不断深入，新城建设资金的需求也越来越大，完全依靠财政支持和银行贷款压力较大。因此，有效地利用土地市场，做好土地出让工作，既可以缓解资金短缺难题，又能够推动建设进程。为此，在过去的二十年里，钱江新城在加快内部建设的同时，不断加大舆论宣传，扩大招商引资的力度。采用不定期的专家座谈形式，对不同时间的土地市场进行分析、预测，为战略性决策提供依据和建议；同时，通过境内外推广公司、广告代理公司等进行阶段性的宣传和招商；建立钱江新城建设指挥部网站，利用多媒体信息等扩大新城知名度、影响力，加快土地出让与招商引资步伐。

　　战略建设层面，新城发展提倡"有地优用、有地快用"，以提高国际化程度为目标，以启动重大建设项目为契机，做好土地文章，以土地等资源引进外资、民资，做到"内外互动"，在大力引进内资的同时，在引进外资上不断有突破性进展。坚持招商引资和土地出让相结合，重点引进国内外大企业、大集团建设新城，中央商务区功能逐步显现并发挥作用；钱江新城的建设，始终坚持品质至上，细节为王，全力打造国内领先、世界一流的"世纪精品，传世之作"。

　　截至 2020 年底，新城共出让住宅用地 933.12 亩，公建用地 1768.65 亩，合计出让土地面积达 2701.77 亩，总开发量为 8515033.73 平方米，总地价达 6489093.70 万元。其中：住宅用地的总开发量为 1847574.41 平方米，总地价达 1694557.70 万元，平均楼面价为 9171.80 元／平方米，平均亩价为 1816.01 万元；公建用地的总开发量为 6667459.32 平方米，总地价达 4794536.00 万元，平均楼面价为 6526.68 元／平方米，平均亩价为 2710.84 万元。除公建用地和住宅用地外，钱江新城行政划拨用地面积 959.72 亩。

各类用地地块面积的比例详见图 4-1 所示。从中可以看出，钱江新城的土地出让以公建用地为主导，住宅用地次之。图 4-2 为各年份出让土地面积示意图。从中可以看出，2008 年以后，随着新城基本成形，各项基础建设基本完成，公建用地面积和住宅用地面积均开始下降，但公建用地仍然是新城建设资金的主要来源，在土地出让中占有较大份额。从 2003 年土地出让伊始，公建用地和住宅用地的平均亩价和平均楼面价虽有不同幅度的波动，但总体呈现出节节上升趋势，如图 4-3 和图 4-4 所示。2006 年以前，新城建设处于起步阶段，用地的平均亩价和平均楼面价缓步上升。随着新城建设的逐步深入，钱江新城地块的价值彰显无遗。2006 年以后，用地价格和楼面价格急速上升，土地价值翻了数倍，一些高档次的住宅、写字楼及酒店等置业的开发，凸显了中央商务区的功能。近几年来，虽然公建用地的平均亩价有所下降，但公建用地平均楼面价仍处于上升阶段，钱江新城俨然成为杭州城市建设的标兵，大都市的象征。

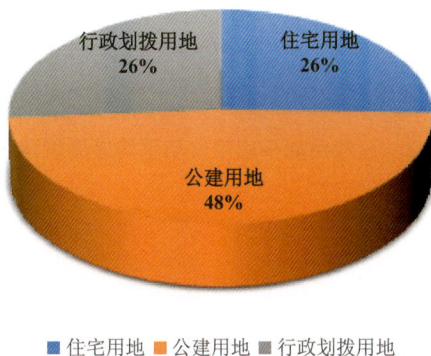

图 4-1　各类用地地块面积比例图

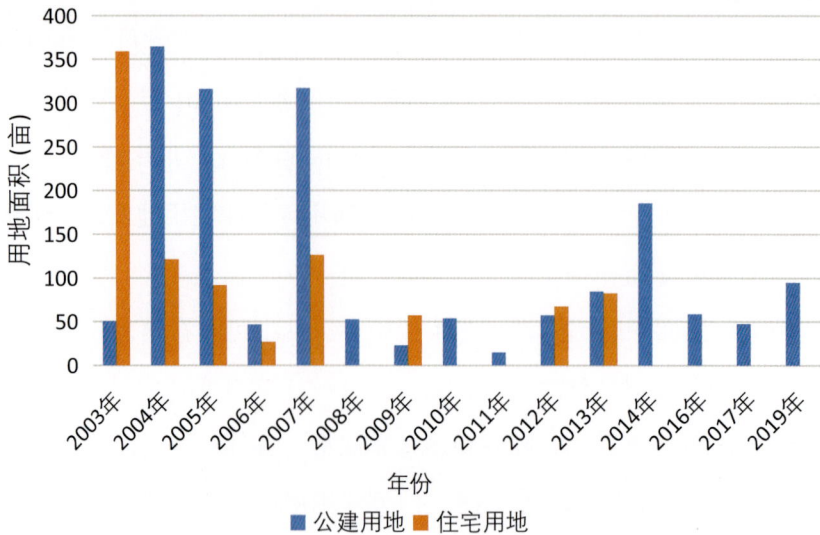

图 4-2　出让土地面积示意图

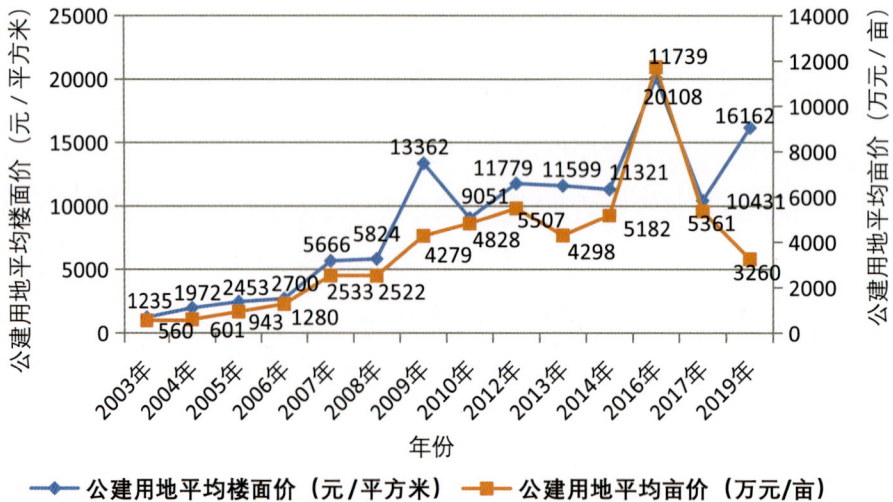

图 4-3　公建用地平均亩价与平均楼面价示意图

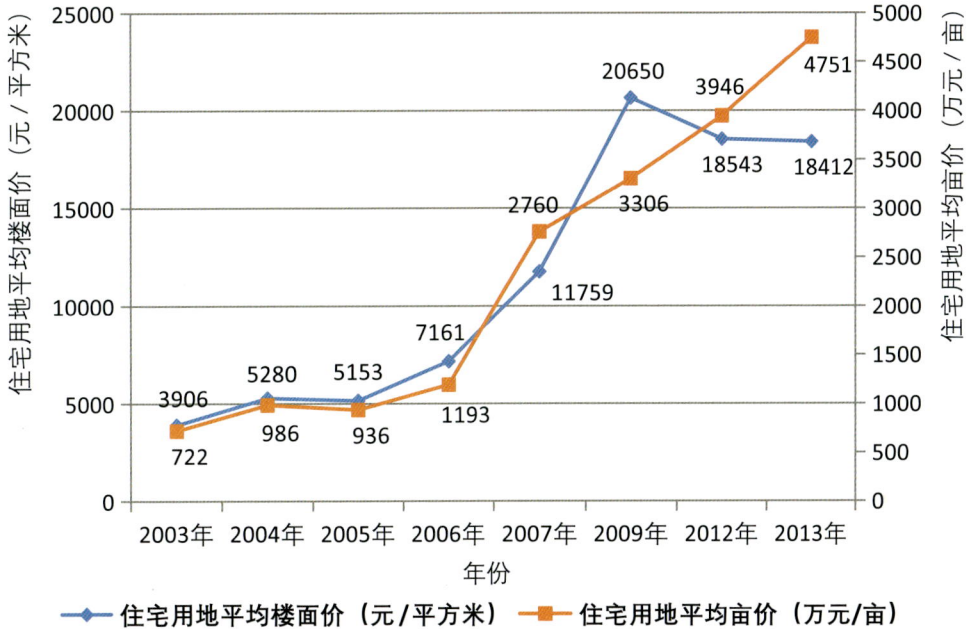

图 4-4　住宅用地平均亩价与平均楼面价

表 4-1 展示了钱江新城各年份出让土地的具体情况。其中，2003 年共出让住宅用地 358.97 亩，住宅用地总开发量为 663333 平方米，总地价达 259098.70 万元，平均楼面价为 3906.01 元 / 平方米，平均亩价为 721.78 万元，共出让公建用地 50.68 亩，公建用地总开发量为 229889 平方米，总地价达 28383 万元，平均楼面价为 1234.64 元 / 平方米，平均亩价为 560.07 万元。

2004 年共出让住宅用地 121.51 亩，住宅用地总开发量为 226824 平方米，总地价达 119768 万元，平均楼面价为 5280.25 元 / 平方米，平均亩价为 985.65 万元，共出让公建用地 364.60 亩，公建用地总开发量为 1111160.50 平方米，总地价达 219096 万元，平均楼面价为 1971.78 元 / 平方米，平均亩价为 600.92 万元。

2005 年共出让住宅用地 91.96 亩，住宅用地总开发量为 167103 平方米，总地价达 86115 万元，平均楼面价为 5153.41 元 / 平方米，平均亩价为 936.42 万元，共出让公建用地 316.18 亩，公建用地总开发量为 1215106.36 平方米，总地价达 298105 万元，平均楼面价为 2453.32 元 / 平方米，平均亩价为 942.83 万元。

2006 年共出让住宅用地 26.90 亩，住宅用地总开发量为 44840 平方米，总地价达 32108 万元，平均楼面价为 7161.00 元 / 平方米，平均亩价为 1193.40 万元，共出让公建用地 46.67 亩，公建用地总开发量为 221243.50 平方米，总地价达 59745 万元，平均楼面价为 2700.42 元 / 平方米，平均亩价为 1280.24 万元。

2007 年共出让住宅用地 126.38 亩，住宅用地总开发量为 296799 平方米，总地价达 349000 万元，平均楼面价为 11759 元 / 平方米，平均亩价为 2760 万元，共出让公建用地 317.18 亩，公建用地总开发量为 1417800 平方米，总地价达 803273 万元，平均楼面价为 5665.63 元 / 平方米，平均亩价为 2532.57 万元。

2008 年共出让公建用地 52.58 亩，公建用地总开发量为 227678 平方米，总地价达 132605 万元，平均楼面价为 5824.23 元 / 平方米，平均亩价为 2521.77 万元。

2009 年共出让住宅用地 57.18 亩，住宅用地总开发量为 91526.40 平方米，总地价达 189000 万元，平均楼面价为 20650.00 元 / 平方米，平均亩价为 3306.00 万元，共出让公建用地 23.02 亩，公建用地总开发量为 73718.40 平方米，总地价达 98500 万元，平均楼面价为 13361.66 元 / 平方米，平均亩价为 4278.89 万元。

2010 年共出让公建用地 53.80 亩，公建用地总开发量为 287000 平方米，总地价达 259772 万元，平均楼面价为 9051 元 / 平方米，平均亩价为 4828 万元。

2011 年共出让公建用地 15.00 亩，公建用地总开发量为 65000 平方米。

2012 年共出让住宅用地 67.35 亩，住宅用地总开发量为 143340.73 平方米，总地价达 265800 万元，平均楼面价为 18543.23 元 / 平方米，平均亩价为 3946.30 万元，共出让公建用地 57.29 亩，公建用地总开发量为 267825.11 平方米，总地价达 315465 万元，平均楼面价为 11778.77 元 / 平方米，平均亩价为 5506.68 万元。

2013 年共出让住宅用地 82.86 亩，住宅用地总开发量为 213808.28 平方米，住宅用地总地价达 393668.00 万元，平均楼面价为 18412.20 元 / 平方米，平均亩价为 4751.05 万元，共出让公建用地 84.90 亩，公建用地总开发量为 314564.79 平方米，公建用地总地价达 364867 万元，平均楼面价为 11599.10 元 / 平方米，平均亩价为 4297.55 万元。

2014 年共出让公建用地 185.47 亩，公建用地总地价达 961110 万元，平均亩价为 5182.04 万元。

2016 年共出让公建用地 58.67 亩，公建用地总开发量为 342497 平方米，总地价达 688692 万元，平均楼面价为 20107.97 元／平方米，平均亩价为 11738.50 万元。

2017 年共出让公建用地 47.57 亩，公建用地总开发量为 244490 平方米，总地价达 255035 万元，平均楼面价为 10431.31 元／平方米，平均 亩价为 5360.98 万元。

2019 年共出让公建用地 95.04 亩，公建用地总开发量为 191740 平方米，总地价达 309888 万元，平均楼面价为 16161.89 元／平方米，平均亩价为 3260.45 万元。

表 4-1　钱江新城土地出让汇总表

出让年份	地块名称	投资商	用地性质	地块面积（亩）	总开发量（平方米）	总地价（万元）	楼面价（元／平方米）	亩价（万元/亩）	备注
2003	甬江路东南地块	滨江房产	住宅	69.22	124604.00	41990.00	3370.00	606.60	
	椒江路东B地块	倚天置业	住宅	89.77	175939.00	70168.00	3908.00	781.70	
	椒江路东A地块	金基置业	住宅	117.35	234701.00	94888.00	4043.00	808.60	
	椒江路南ABCD	宋都房产	住宅	82.63	128089.00	52052.70	3850.00	629.95	
	2003年住宅用地小计			358.97	663333.00	259098.70	3906.01	721.78	
	A-07新财富中心	浙江特福隆	公建	26.07	139008.00	12531.00	901.00	480.76	
	B-07华成大厦	华成置业	公建	10.23	47726.00	4622.00	968.00	451.94	
	A-03-3	合盛置业	公建	14.39	43155.00	11230.00	2602.00	780.00	
	2003年公建用地小计			50.68	229889.00	28383.00	1234.64	560.07	
2004	椒江路南B号地块	欣盛房产	住宅	121.51	226824.00	119768.00	5280.25	985.65	
	2004年住宅用地小计			121.51	226824.00	119768.00	5280.25	985.65	
	A-08-1、3、5A-10、11、12	泛海建设	公建	65.12	223619.00	35839.00	1600.00	550.00	其中总开发量A-08-1、3、5占134635；A-10占34391；A-11、12占54593
	A-04	杭州国际会议中心	公建	71.72	95620.00	20101.00	2102.00	280.00	
	A-02-1、2	浙欧置业	公建	26.39	114790.50	22977.00	2002.00	871.00	
	A-03-4	荣安置业	公建	7.85	28770.50	6200.00	2155.00	790.00	
	D-02-4	日出钱塘	公建	12.73	55165.50	11058.00	2005.00	869.00	
	A-03-6	世纪中天	公建	11.85	39510.00	7918.00	2004.00	668.00	
	B-03	鑫亚置业	公建	44.01	199628.00	34743.00	1740.00	789.00	其中总开发量B-03-1占32195；B-03-2占57148；B-03-3占53221；B-03-4占57064
	D-02-1、2、D-03、04、07	华联开发	公建	72.10	170064.00	39480.00	2500.00	547.00	其中总开发量D-02-1占36222；D-02-2占38832；D-03占32852.5；D-04占21736；D-07占40421.5
	B-06-2	圣奥置业	公建	9.72	45381.00	6828.00	1505.00	702.00	
	A-01-3、4、5、A-09	金基置业	公建	43.12	138612.00	33952.00	2500.00	800.00	
	2004年公建用地小计			364.60	1111160.50	219096.00	1971.78	600.92	
2005	F-05	新城建设开发公司	住宅	41.50	82998.00	41519.00	5002.00	1000.50	
	F-07	金色家园房地产	住宅	50.46	84105.00	44596.00	5302.00	883.70	
	2005年住宅用地小计			91.96	167103.00	86115.00	5153.41	936.42	

续表

出让年份	地块名称	投资商	用地性质	地块面积（亩）	总开发量（平方米）	总地价（万元）	楼面价（元/平方米）	亩价（万元/亩）	备注
2005	A-03-5	东杭控股	公建	8.73	34896.00	11900.00	3410.00	1364.00	
	A-10 D-11-2、3	钱塘房产	公建	40.62	124500.00	42480.00	3412.00	1056.00	
	D-05	浙江城建房产浙江华东铝业	公建	8.96	47760.00	13390.00	2804.00	1495.00	
	D-02-3	迪凯投资	公建	13.88	60164.00	16500.00	2743.00	1188.00	
	D-11-1	万地房地产	公建	14.96	64818.00	14929.00	2303.00	998.00	
	A-01-1	亚包中心	公建	47.57	136140.00	31416.00	2308.00	660.00	
	E-06、07、08	华润集团	公建	149.18	555328.36	110020.00	1981.00	738.00	其中总开发量E-06占147958.7；E-07占105766.44；E-08占301603.22
	C-01	新城开发公司	公建	32.29	191500.00	57470.00	3001.00	1780.00	
	2005年公建用地小计			316.18	1215106.36	298105.00	2453.32	942.83	
2006	E-06	雪峰房产	住宅	26.90	44840.00	32108.00	7161.00	1193.40	
	2006年住宅用地小计			26.90	44840.00	32108.00	7161.00	1193.40	
	A-08-4	省移动	公建	12.60	46183.50	16185.00	3504.00	1285.00	
	A-03-1、2	浙江一统实业有限公司	公建	22.02	102781.00	25802.00	2510.00	1172.00	
	B-05	浙江大友实业股份有限公司上海利有投资管理有限公司	公建	12.05	72279.00	17758.00	2457.00	1474.00	
	2006年公建用地小计			46.67	221243.50	59745.00	2700.42	1280.24	
2007	C-06/08/17/18	葛洲坝、绿城、康居联合体	住宅	126.38	296799.00	349000.00	11759.00	2760.00	其中总开发量C-06占77660.8；C-08占125043.2；C-17占35460；C-18占58635
	2007年住宅用地小计			126.38	296799.00	349000.00	11759.00	2760.00	
	B-01、02	滨江房产集团公司	公建	71.18	225080.00	152000.00	6753.00	2135.00	其中地块面积B-01占21.156；B-02占50.0265；其中总开发量B-01占91676；B-02占133404
	D-11-2、3	宏润建设集团股份有限公司、浙江金瑞控股集团有限公司	公建	26.48	96439.00	42088.00	4364.00	1590.00	其中地块面积D-11-2占12.2835；D-11-3占14.1915；其中总开发量占D-11-2占49134；D-11-3占47305
	A-12	杭州金基房地产发展有限公司	公建	6.60	19800.00	32600.00	16465.00	4939.00	
	A-08-2	迪凯股份横店集团浙江东磁房地产开发公司	公建	14.30	57950.00	50000.00	8628.00	3497.00	
	A-08-6	杭州华科房地产开发有限公司	公建	10.78	43200.00	48800.00	11296.00	4527.00	
	E-02-1/2/3/4	新运投资管理（杭州有限公司）	公建	60.65	283950.00	102125.00	3597.00	1684.00	
	D-01-1/2	华峰集团有限公司、迪凯股份有限公司	公建	26.00	137089.00	62100.00	4530.00	2388.00	
	B-08	高地（维尔京群岛）有限公司	公建	56.00	298336.00	168000.00	5631.00	3000.00	

续表

出让年份	地块名称	投资商	用地性质	地块面积（亩）	总开发量（平方米）	总地价（万元）	楼面价（元/平方米）	亩价（万元/亩）	备注
2007	D-08	万银置业有限公司	公建	22.30	133884.00	78400.00	5856.00	3516.00	
	B-06-1	杭州力达房地产开发公司	公建	22.89	122072.00	67160.00	5502.00	2934.00	
	2007年公建用地小计			317.18	1417800.00	803273.00	5665.63	2532.57	
2008	D-09-1/2/3	浙商银行股份有限公司、中国工商银行股份有限公司浙江省分行营业部、华融金融租赁股份有限公司、浙江新华期货经纪有限公司	公建	37.61	196721.00	108217.00	5500.00	2878.00	
	D-C2-04	杭州市居住区发展中心有限公司	公建	14.98	30957.00	24388.00	7878.00	1628.00	
	2008年公建用地小计			52.58	227678.00	132605.00	5824.23	2521.77	
2009	南星E-02/03	义乌中国小商品城房地产开发有限公司	住宅	57.18	91526.40	189000.00	20650.00	3306.00	其中开发总量E-02占61972.8；E-03占29553.6
	2009年住宅用地小计			57.18	91526.40	189000.00	20650.00	3306.00	
	E-12	上海盛麒实业有限公司	公建	12.30	39374.40	57000.00	14476.00	4634.00	
	E-13	上海盛麒实业有限公司	公建	10.72	34344.00	41500.00	12084.00	3871.00	
	2009年公建用地小计			23.02	73718.40	98500.00	13361.66	4278.89	
2010	E-01	中国人寿保险有限公司浙江省分公司	公建	53.80	287000.00	259772.00	9051.00	4828.00	
	2010年公建用地小计			53.80	287000.00	259772.00	9051.00	4828.00	
2011	JG1301-19	国贸集团	公建	15.00	65000.00				
	2011年公建用地小计			15.00	65000.00				
2012	南星单元B-04	城建开发	住宅	30.72	62701.12	112000.00	18858.00	3645.85	
	南星单元D-02	市房产开发公司	住宅	36.63	80639.61	153800.00	22491.00	4198.25	
	2012年住宅用地小计			67.35	143340.73	265800.00	18543.23	3946.30	
	核心区E-03	中国平安	公建	36.69	194475.11	231012.00	11805.00	6296.09	
	南星单元D-15	中维地产	公建	20.60	73350.00	84453.00	3847.00	4100.38	
	2012年公建用地小计			57.29	267825.11	315465.00	11778.77	5506.68	
2013	南星D-01	北京金隅嘉业房地产开发有限公司	住宅	27.17	54172.50	133000.00	25803.00	4894.49	
	三堡单元R21-03	万科	住宅	32.87	81268.55	143611.00	18723.00	4368.75	
	三堡单元R21/C2-03	中海	商住	22.81	78367.23	117057.00	17103.00	5131.07	
	2013年住宅用地小计			82.86	213808.28	393668.00	18412.20	4751.05	

续表

出让年份	地块名称	投资商	用地性质	地块面积（亩）	总开发量（平方米）	总地价（万元）	楼面价（元/平方米）	亩价（万元/亩）	备注
2013	核心区A-01-2	华融金融租赁股份有限公司、宁波银行股份有限公司、宁波银誉投资有限公司	公建	25.17	106240.00	156021.00	14527.00	6198.35	
	近江单元C-09	稠州银行	公建	20.66	95984.70	83357.00	12104.00	4034.53	
	三堡单元C2-09	中天	公建	20.87	60581.72	67077.00	12052.00	3213.90	
	三堡单元C2-10	越秀	公建	18.20	51758.37	58412.00	12037.00	3209.82	
	2013年公建用地小计			84.90	314564.79	364867.00	11599.10	4297.55	
2014	近江单元C-17地块	浙江昆仑控股集团有限公司	公建	12.58	41056.21	51900.00	13747.00	4123.98	
	近江单元C-19地块	横店集团杭州投资有限公司、南华期货股份有限公司、杭州得邦照明有限公司和浙江柏品投资有限公司	公建	13.11	25074.45	48119.00	12237.00	3671.26	
	三堡单元S-B2/B1/B3-01、02、06、08、09地块	杭州金融城建设发展有限公司	公建	79.31		442901.00	10603.00	5584.49	
	三堡单元S-B2/B1/B3-03、04、05、07、10、11地块	杭州金融城建设发展有限公司	公建	80.47	391616.00	418190.00	10679.00	5196.93	
	2014年公建用地小计			185.47		961110.00		5182.04	
2016	核心区E-04地块	都城伟业公司	公建	45.50	303000.00	635000.00	21073.00	13956.20	
	核心区H-03地块	杭州新阗实业投资有限公司	公建	13.17	39497.00	53692.00	13594.00	4076.84	
	2016年公建用地小计			58.67	342497.00	688692.00	20107.97	11738.50	
2017	钱江新城核心区B-01-01	太平人寿保险有限公司、太平财产保险有限公司、太平养老保险股份有限公司	公建	15.60	93200.00	87354.00	16556.00	4966.82	
	钱江新城核心区B-01-02	太平人寿保险有限公司、太平财产保险有限公司、太平养老保险股份有限公司 太平金融	公建	17.55	93600.00	77244.00	16556.00	4966.82	
	钱江新城单元JG1308-02	杭州银行股份有限公司	公建	14.42	57690.00	90437.00	15676.00	6270.50	
	2017年公建用地小计			47.57	244490.00	255035.00	10431.31	5360.98	
2019	钱江新城单元JG1308-03	浙江红狮水泥股份有限公司	公建	12.15	64800.00	143888.00	27329.15	11842.63	

续表

出让年份	地块名称	投资商	用地性质	地块面积（亩）	总开发量（平方米）	总地价（万元）	楼面价（元/平方米）	亩价（万元/亩）	备注
2019	景芳单元JG1204-29、31地块	深圳市盛众置业有限公司、明满有限公司	公建	82.89	126940.00	166000.00	13155.76	2002.55	
	2019年公建用地小计			95.04	191740.00	309888.00	16161.89	3260.45	
	住宅用地合计			933.12	1847574.41	1694557.70	9171.80	1816.01	
	公建用地合计			1768.65	6667459.32	4794536.00	6526.68	2710.84	
	合 计			2701.77	8515033.73	6489093.70			
其他	K-05	九年一贯制学校	行政划拨公建配套	40.95	16965.00				新城管委会
	椒江路以东地块	杭州棋院	行政划拨	42.00	56532.00				杭州市体育局
	C-01	市民中心	行政划拨	256.33	364419.00	38434.50			杭州市机关事务管理局
		杭州大剧院	行政划拨	146.00	55000.00				杭州市文化局
		杭州市图书馆	行政划拨	36.04		5406.00			杭州市图书馆
	望江地区E-06	杭州市中级人民法院	行政划拨	52.65	50000.00	7897.28			杭州市中级人民法院
	望江地区G-11	广电中心	行政划拨	93.70	186712.40	14055.00			杭州市广电集团
	望江地区G-03	杭州市消防支队大楼	行政划拨	33.55	22837.00	4500.00			杭州市消防支队
	望江地区G-14	杭州市妇女活动中心	行政划拨	24.64		3750.00			杭州市妇联
	望江地区G-05	上城区行政服务中心	行政划拨	35.40		5310.00			上城区区政府
	望江地区G-02	杭州市军分区行政办公大楼	行政划拨	21.00					杭州市军分区
	望江地区G-12	妇女医院	行政划拨	25.50					杭州市第四人民医院
	望江地区G-01	长城建设集团总部大楼	行政划拨	8.00					长城建设集团
	望江地区E-07、08	望江体育中心	行政划拨	63.75					上城区
	K-07	新城管委会（合同已签）	行政划拨	18.28	24200.00	2741.85			
	B-05-1	市电力局	行政划拨	26.00	59535.00				
	R22-03	邻里中心	行政划拨	5.11	21600.00				
	R22-07		行政划拨	5.10	6000.00				
	南星单元D-09		行政划拨	9.50	30100.00				
		市民变		7.38		553.50			
		浦江变		4.95		495.00			
		灵江变		3.89		388.50			
	行政划拨用地合计			959.72	893900.40	83531.63			
	总 计			3661.49	9408934.13	6572625.33			

4.2 社会公建

　　钱江新城核心区建筑总量约 840 万平方米，尤其是钱江路以东集中规划了约 100 幢高层建筑，以街区为单位成组布置，承载着 CBD 的主要商务功能。以城市主轴线、富春路发展次轴线和两条楔入城市的绿化带为纽带和分隔，形成由六个中心、两个居住社区、两个混合功能发展区、两条旅游服务走廊、三条金融商贸走廊和两条购物走廊构成的功能框架。核心区周边沿清江路、庆春东路和钱江路的部分地区强调功能的混合性，由商务办公、酒店式公寓、宾馆、裙房商业等多种功能构成；沿富春路、解放东路和新业路形成三条由金融、证券、高档商务办公、知名企业总部构成的金融商务带。

　　社会项目的发展，一方面要加大招商引资力度，尽可能多出让地块，加快回收土地出让资金；另一方面，要继续加强与各金融机构的沟通联系，保持长期稳定的合作关系，使之成为新城建设有保障的融资途径。同时按照"谁投资、谁所有、谁受益"原则，积极探索多元化投融资机制改革，在政府投资与社会投资中要落实企业、社会投资自主权，推进政府投资市场化改革，规范与改善政府投资行为，提高政府投资效益。要鼓励和吸引外资、民资以合作、参股等多种形式参与新城建设。

　　二十年来，为加快培育中央商务区产业功能，钱江新城的建设以吸引强势企业和金融机构为重点，不断加大宣传推介力度，有重点、有针对性地吸引国内外大企业、大集团投资新城，力争在引进重大外资项目上有新的突破性进展。通过加大核心区块土地招商和出让力度，有地优用、有地快用，提高国际化程度。同时，政府积极与国内外著名企业集团和机构接触，在我国上海、北京、香港及新加坡等多地开展招商宣传推介会和研讨会，并多次组织主流媒体开展钱江新城建设情况报道。通过努力，钱江新城影响面和知名度不断扩大，招商引资成绩显著，社会投资项目建设加快，成功引进了北京光彩、香港华润、德国富德斯、新加坡凯德置地、广州高德等企业集团，中信银行、建设银行、交通银行等金融机构。华润万象城、迪凯国际、东杭大厦、宏程国际、华成国际、蓝鲸国际、高德广场、华鼎国际等均已投入使用，商务写字楼集群已然形成。这些社会投资项目处于核心区的显要位置，成为体现城市新中心形象的重要标志性建筑群。"杭州CBD、天堂新地标、服务业主平台"三大目标越来越清晰，中央商务区金融、商贸和总部经济已然成形。

钱江新城建设二十年以来，已累计完成40个社会公建项目，总占地面积904237平方米，总建筑面积5746249平方米，总投资560.99亿元。

2008年建设完成1个社会公建项目，占地面积6818平方米，地上建筑面积49555平方米，地下建筑面积13808平方米，绿化面积680平方米，投资3.8亿元。项目名称为华成国际发展大厦。

2009年共建设完成1个社会公建项目，占地面积2305平方米，地上建筑面积37514平方米，地下建筑面积12199平方米，绿化面积590平方米，投资5亿元。项目名称为东杭大厦。

2010年共建设完成4个社会公建项目，总占地面积216645平方米，总地上建筑面积362170平方米，总地下建筑面积180268平方米，总绿化面积15902平方米，总投资113.5亿元。4个社会公建项目分别为迪凯国际商务中心、宏程国际大厦、华润万象城商场、华润·悦府。

2011年共建设完成8个社会公建项目，总占地面积196840平方米，总地上建筑面积904664平方米，总地下建筑面积341194平方米，总绿化面积32882平方米，总投资74.48亿元。8个社会公建项目分别为财富金融中心、城市之星、泛海国际中心、华联UDC广场、明珠国际商务中心、圣奥中央大厦、万银国际大厦和尊宝大厦。

2012年共建设完成4个社会公建项目，总占地面积52797平方米，总地上建筑面积331550平方米，总地下建筑面积115673平方米，总绿化面积9875平方米，总投资 38.3 亿元。4 个社会公建项目分别为国际时代广场、荣安大厦、瑞晶国际商务中心和浙江移动大厦。

2013 年共建设完成 4 个社会公建项目，总占地面积 38086 平方米，总地上建筑面积 253490 平方米，总地下建筑面积 88102 平方米，总绿化面积 6369 平方米，总投资 27.5 亿元。4 个社会公建项目分别为迪凯银座、汉嘉国际、中华钱塘航空大厦和中天大厦。

2014 年共建设完成 2 个社会公建项目，总占地面积 32517 平方米，总地上建筑面积 233347 平方米，总地下建筑面积 76804 平方米，总绿化面积 5874 平方米，投资 35.5 亿元。2 个社会公建项目分别为东方君悦和万银双子中心。

2016 年共建设完成 4 个社会公建项目，总占地面积 132002 平方米，总地上建筑面积 516505 平方米，总地下建筑面积 206390 平方米，总绿化面积 13204 平方米，总投资 105 亿元。4 个社会公建项目分别为华峰中心—迪凯金座、华润·柏悦酒店、利有商务中心和中信银行杭州分行总部大厦。

2017 年共建设完成 4 个社会公建项目，总占地面积 76134.67 平方米，总建筑面积 638921.58 平方米，总投资 63 亿元。4 个社会公建项目分别为迪凯城星国际、昆仑中心、来福士广场和越秀·维多利中心。

2018 年共建设完成 4 个社会公建项目，总占地面积 61536.33 平方米，总建筑面积 509472.42 平方米。4 个社会公建项目分别为稠银大厦、联合金融大厦、钱塘银座和意法服装市场。

2019 年共建设完成 3 个社会公建项目，总占地面积 51223 平方米，总地上建筑面积 272623 平方米，总地下建筑面积 124293 平方米，绿化面积 16894.1 平方米，投资 24.5 亿元。3 个社会公建项目名称为国贸大厦、蓝鲸国际大厦和亚包大厦。

2020 年建设完成 1 个社会公建项目，占地面积 37333 平方米，地上建筑面积 376578 平方米，地下建筑面积 101128 平方米，绿化面积 5596 平方米，投资 45.41 亿元。项目名称为高德置地广场。

目前，钱江新城在建社会公建项目 3 个，总占地面积 59948 平方米，总地上建筑面积 459403 平方米，总地下建筑面积 199170 平方米。3 个在建社会公建项目分别为杭州中心、杭州银行新综合大楼和太平金融大厦。

　　图 4-5 至图 4-13 为部分社会公建项目照片。

图 4-5　华峰国际
图 4-6　华峰国际、UDC

图 4-7   来福士广场

图 4-8   浙江财富金融中心、高德置地广场

图 4-9　浙江财富金融中心

图 4-10　杭州泛海钓鱼台酒店
图 4-11　世包中心

图 4-12　中国人寿大厦

图 4-13　中信银行

钱江新城社会公建项目汇总如表 4-2 所示。

表 4-2　钱江新城社会公建项目汇总表

项目完成时间	项目名称	项目背景介绍					项目总体介绍									备注
		地块出让时间	地块编号	投资商	用地性质	占地面积(平方米)	总建筑面积(平方米)		绿化面积(平方米)	空中面积(平方米)	建筑高度(米)	幢数(幢)	停车位(个)		总投资(亿元)	
							地上	地下					地上	地下		
2008	华成国际发展大厦	2003	核心区B-07	杭州华成开发有限公司	公建	6818	49555	13808	680	0	160	1	21	240	3.8	
2009	东杭大厦	2005	核心区A-03-5	杭州东杭房地产开发有限公司	公建	2305	37514	12199	590	224	100	1	11	186	5	
2010	迪凯国际商务中心	2005	核心区D-02-3	浙江迪凯房地产发有限公司	公建	9256	65539	15592	1860	768	148	1	16	401	10	
	宏程国际大厦	2004	核心区D-02-4	杭州日出钱塘置业有限公司	公建	8487	58537	13880	2000	0	150	1	23	297	4.5	
	华润万象城商场（一期）	2005	核心区E06/07/08	华润新鸿基房产有限公司	公建	99451	132328	110517	1873	无	45	1	0	1202	57	
	华润·悦府	2005	核心区E06/07/08	华润新鸿基房产有限公司	公建	99451	105766	40279	10169	无	165	5	7	550	42	住宅及配套公建面积为105766平方米
	小　计					216645	362170	180268	15902						113.5	
2011	财富金融中心	2003	核心区A-07	浙江特富隆房地产开发有限公司	公建	17377	165000	44180	1738	无	东塔188西塔258	2	79	442	15	
	城市之星	2007	核心区B-01/02	滨江房产集团有限公司	公建	47455	225080	82015	12122	无	150	6	118	1766	20	
	泛海国际中心	2004	核心区1-08-1/3/5 A-10/11	杭州泛海建设投资有限公司	公建	23488	133000	31000	3400	636	156	3	57	454	15.2	
	华联UDC广场	2004	核心区D-02-1/2 D-3/4/7	杭州华联经济开发有限公司	公建	15506	95402	26482	4340	951	137.5	2	30	470	3.18	
	明珠国际商务中心	2004	核心区A-01-3/4/5 A-09 A-12	杭州金基房地产开发有限公司	公建	33143	46453	77627	6036	无	150	5	48	1186	0.8	
	圣奥中央大厦	2004	核心区B-06-2	浙江圣奥置业有限公司	公建	6483	55920	12738	1115	无	148	1	26	240	3.3	
	万银国际大厦	2005	核心区D-11-1	杭州万银置业有限公司	公建	9972	67250	24700	1500	860	175	1	12	500	6	
	尊宝大厦	2004	核心区1-08-1/3/5 A-10/11	杭州泛海建设投资有限公司	公建	43416	116559	42452	2631	无	160	2	36	770	11	
	小　计					196840	904664	341194	32882						74.48	
2012	国际时代广场	2004	核心区B-03	浙江鑫亚建设投资开发有限公司	公建	29339	200176	72067	5400	无	157	4	0	856	22	
	荣安大厦	2004	核心区A-03-4	杭州荣安置业有限公司	公建	5231	30000	7000	1015	无	100	1	无	165	4.5	
	瑞晶国际商务中心	2004	核心区A-03-3	杭州合盛置业有限公司	公建	9590	55190	14000	2200	235.4	156.8	1	10	209	6	其中商业1290平方米，避难层2099平方米
	浙江移动大厦	2006	核心区A-08-4	浙江移动通信集团有限公司	公建	8637	46184	22606	1260	885	100	1	29	260	5.8	办公楼46184平方米
	小　计					52797	331550	115673	9875						38.3	
2013	迪凯银座	2007	核心区A-08-2	浙江迪凯金宏房地产开发有限公司	公建	9533	59904	24467	826	207	132	1	9	366	10	
	汉嘉国际	2005	核心区D-05	浙江城建房地产发有限公司	公建	5970	50629	13235	896	400	145	1	30	248	4	
	中华钱塘航空大厦	2006	核心区A-03-1/2	浙江统一实业有限公司	公建	14683	94467	36605	2932	3170	150	2	36	503	10	
	中天大厦	2004	核心区A-03-6	杭州中天房地产集团有限公司	公建	7900	48490	13795	1715	157	142	1	251	15	3.5	
	小　计					38086	253490	88102	6369						27.5	

续表

项目完成时间	项目名称	地块出让时间	地块编号	投资商	用地性质	占地面积(平方米)	总建筑面积(平方米) 地上	地下	绿化面积(平方米)	空中面积(平方米)	建筑高度(米)	幢数(幢)	停车位(个) 地上	地下	总投资(亿元)	备注
2014	东方君悦	2007	核心区 D-11-2/3	浙江全景置业有限公司	公建	17650	99564	31128	3635	无	130	2	63	497	10.5	
	万银双子中心	2008	核心区 D-08	浙江万银房地产有限公司	公建	14867	133783	45676	2239	1132	200	2	28	920	25	
	小 计					32517	233347	76804	5874						35.5	
2016	华峰中心一迪凯金座	2007	核心区 D-01	浙江迪凯金宏房地产开发有限公司	公建	17333	84582	30453	1410	无	200	1	18	468	23.5	
	华润·柏悦酒店	2005	核心区 E06/07/08	华润新鸿基房产有限公司	公建	99451	317231	136537	9511	无	230	6	21	2259	63	垃圾房18
	利有商务中心	2006	核心区 B-05-2	浙江大友实业有限公司	公建	8031	74375	19737	1205	475	100	1	15	291	6	
	中信银行杭州分行总部大厦	2007	核心区 A-08-6	杭州华凯房地产开发有限公司	公建	7187	40317	19663	1078	212	100	1	16	378	12.5	空中连廊面积塔楼内部147,塔楼外部65
	小 计					132002	516505	206390	13204						105	
2017	迪凯城星国际	2008	核心区 B-06-1	浙江浩然置业有限公司	公建	15260	121254	54489	3052	680	185	2	24	1053	15	
	昆仑中心	2014	近江单元 C-17地块	浙江昆仑控股集团有限公司	公建	8386.67	41056.21				84.4	3	14	331		
	来福士广场	2007	核心区 E-02	来福士(杭州)房地产开发有限公司	公建	40355	261000	109364	6054	1169	250	1(塔楼两幢)	61	1891	48	
	越秀·维多利中心	2013	三堡单元 C2-10	越秀	公建	12133	51758.37				81.8	2	411			
	小 计					76134.67	638921.58								63	
2018	稠银大厦	2013	近江单元 C-09	稠州银行	公建	13773.33	95984.7				76	1				
	联合金融大厦	2008	核心区 D-09	浙商银行股份有限公司、中国工商银行股份有限公司浙江省分行营业部、华融金融租赁股份有限公司、浙江新华期货经纪有限公司	公建	25070	201356	90506	5014	1304	150	4	78	1685	25	另有避难层和消防直升机停机坪辅助用房3386方
	钱塘银座	2013	三堡单元 C2-09	中天	公建	13913	60581.72				58.6	8				
	意法服装市场	2016	核心区 H-03地块	杭州新闻实业投资有限公司	公建	8780	39496	21548				1	476			
	小 计					61536.33	509472.42									
2019	国贸大厦	2011	核心区 JG1301-19	国贸集团	公建	9991	64941	47222	999.1		170		636			
	蓝鲸国际大厦	2005	核心区 A-10 D-11-2、3	钱江房地产集团开发有限公司	公建	9516	28965	14264	2150	无	64	1	11	250	4.5	
	亚包大厦	2005	核心区 A-01-1	亚洲包装有限公司	公建	31716	178717	62807	13745	无	180	2	28	934	20	双塔联裙房
	小 计					51223	272623	124293	16894.1						24.5	
2020	高德置地广场	2007	核心区 B-08	高德(杭州)投资管理有限公司	公建	37333	376578	101128	5596	368.64	200	3	35	1783	45.41	
	合 计					904237	5746249								560.99	
在建	杭州中心	2016	核心区 E-04	都城伟业公司	公建	30333	303000	112643			299	2	2300			
	杭州银行新综合大楼	2017	核心区 JG1308-02	杭州银行股份有限公司	公建	9615	55230	29427	1923		120	1	470			
	太平金融大厦		核心区 B-01-02/01	太平人寿保险有限公司、太平财产保险有限公司、太平养老保险股份有限公司及太平金融	公建	20000	101173	57100	3000		100	4	1945		30	
	小 计					59948	459403	199170								

4.3　商业住宅

　　钱江新城依傍钱塘江，拥有坐北朝南的优势地理位置，且利用区域内的丰富水系，将"水"体现在整个新城的设计中，着力营造诗意般的城市栖居空间；同时，核心区吸引了国内外众多大公司、大集团、知名民营企业总部入驻，商务大厦林立，重点发展银行、保险、证券、信息、咨询等行业，鼓励发展物流、商业、文化体育等产业，商业氛围浓厚；周边建有市民中心、杭州大剧院、国际会议中心、城市阳台以及几万平方米的绿地森林公园，公共配套设施完善齐全；此外，新城科学合理布置路网系统，以保证与老城区、钱塘江南岸及下沙新城等交通连接的可达性和便利性。钱江新城未来必将发挥中央商务区所具有的综合服务、生产创新和要素集散等作用，并成为城市高品位住宅的群聚之地。

　　钱江新城在进行金融、商务功能建设的同时，重点推进高档住宅的开发、商业配套及景观设施的建设，完善钱江新城的辅助功能。2006年是钱江新城实施五年发展规划的第一年，要以市场化为导向，以基础设施建设和房地产开发为主，以多种经营为辅，立足新城，积极开拓其他市场，推动新城新发展。自2007年以来，在外来大型房企的不断冲击下，杭州楼市遭遇了新一轮的淘汰，钱江新城土地出让的竞标现场，已经难觅中小房企的踪影，实力企业参与到钱江新城的土地出让与建设中来，竞争异常激烈，土地的价格也被不断抬高。这使得钱江新城逐步成为杭州城区高端公寓住宅的主要分布地。钱江新城商业住宅市场的表现可谓出类拔萃，在配置及户型设计等方面体现出物业的高端定位特征，并取得了令人羡慕的销售业绩。高端公寓项目的热销，"名利双收"效应显著，品牌开发商青睐高端产品，形成一个良性的循环。

　　近年来，国家不断出台宏观市场调控政策，钱江新城管委会审时度势，及时分析把握房地产市场发展形势，出台钱江新城产业发展导向等政策，逐步控制一般性投资和房地产项目，使新城的商品房受宏观调控政策影响较小，钱江新城楼市的高品质得以保证。钱江新城建设二十年以来，已累计完成 17 个住宅项目。

金色家园位于南星 F-07 地块，2004 年开盘。

盛世钱塘位于椒江路东 B 地块，2005 年开盘，建筑面积 235000 平方米，容积率 3.0，绿化率 0.35，停车位 1000 个，开盘均价 13000 元 / 平方米。

东方润园位于椒江路南 B 地块，2006 年开盘，建筑面积 226000 平方米，容积率 2.8，绿化率 0.40，停车位 1460 个，开盘均价 30000 元 / 平方米。

新城国际位于椒江路南 A 地块，2006 年开盘，建筑面积 180000 平方米，容积率 2.5，绿化率 0.36，停车位 550 个，开盘均价 15000 元 / 平方米。

金基晓庐位于椒江路东 A 地块，2008 年开盘，建筑面积 233650 平方米，容积率 3.8，绿化率 0.36，开盘均价 24000 元 / 平方米。

水岸枫庭位于望江 E-06 地块，2008 年开盘，建筑面积 60352 平方米，容积率 2.5，绿化率 0.30，停车位 322 个，开盘均价 25000 元 / 平方米。

新绿园位于南星 F-05 地块，2008 二年开盘，建筑面积 117000 平方米，容积率 3.0，绿化率 0.30，停车位 640 个，小户型开盘均价 21000 元 / 平方米，大户型开盘均价 28000 元 / 平方米。

阳光海岸位于甬江路东南地块，2009 年开盘，建筑面积 120000 平方米，容积率 2.5，绿化率 0.35，停车位 900 个，开盘均价 36600 元 / 平方米。

蓝色钱江位于南星 C-06-08、C-17-18 地块，2011 年开盘，建筑面积 386291 平方米，容积率 3.52，绿化率 0.30，车位配比 1∶1，开盘均价 37000 元 / 平方米。

望江府位于南星单元 B-04 地块，2014 年开盘，建筑面积 62701.12 平方米，容积率 2.9，绿化率 0.30，停车位 510 个。

金隅学府位于南星 D-01 地块，2015 年开盘，建筑面积 54172.5 平方米，容积率 2.8，绿化率 0.30，停车位 517 个。

钱江御府位于南星单元 D-02 地块，2015 年开盘，建筑面积 80639.61 平方米，容积率 2.8，绿化率 0.30，停车位 567 个。

钱塘印象位于南星 E-02/03 地块，2015 年开盘，建筑面积 145714 平方米，容积率 2.4，停车位 700 个。

都会天际公寓位于三堡单元 R21-03 地块，2016 年开盘，建筑面积 81268.55 平方米，容积率 3.5，绿化率 0.30，停车位 715 个。

凤起钱潮位于景芳三堡单元 JG1202-40 地块，2020 年开盘，建筑面积 119813 平方米，容积率为 2.2，绿化率 0.30，停车位 735 个，开盘均价 69800 元 / 平米。

中海时代中心位于三堡单元 R21/C2-03 地块，2020 年开盘，建筑面积 78367.23 平方米，容积率 3.5，绿化率 0.30。

钱江新城商业住宅汇总如表 4-3 所示。

表 4-3　钱江新城商业住宅汇总表

开盘时间	楼盘名称	地块编号	地块出让时间	投资商	建筑面积（平方米）	容积率	绿化率	停车位	楼层状况	开盘均价（元 / 平方米）
2004	金色家园	南星 F-07	2005	杭州滨江房地产开发有限公司						
2005	盛世钱塘	椒江路东 B 地块	2003	杭州倚天置业有限公司	235000	3.00	0.35	1000 个		13000
2006	东方润园	椒江路南 B 地块	2004	杭州欣盛房地产开发有限公司	226000	2.80	0.40	地上 260 个，地下 1200 个	24—41 层	30000
	新城国际	椒江路南 A 地块	2003	杭州宋都房地产有限公司	180000	2.50	0.36	地上 50 个，地下 500 个	11—25 层	15000
	金基晓庐	椒江路东 A 地块	2003	杭州金基房地产开发有限公司	233650	3.80	0.36			24000
2008	水岸枫庭	望江 E-06		杭州枫远房地产开发有限公司	60352	2.50	0.30	322 个		25000
	新绿园	南星 F-05		杭州钱江绿城房地产开发有限公司	117000	3.00	0.30	640 个	12—26 层	小户型 21000 大户型 28000
2009	阳光海岸	甬江路东南地块	2003	杭州滨江房产 杭州金色家园房地产公司	120000	2.50	0.35	900 个	19 层	36600
2011	蓝色钱江	南星 C-06-08、C-17-18		绿城房地产集团有限公司、杭州康居投资管理有限公司	386291	3.52	0.30	车位配比 1：1		37000
2014	望江府	南星单元 B-04	2012	城建开发	62701.12	2.90	0.30	510 个	18—19 层	
2015	金隅学府	南星 D-01	2013	北京金隅嘉业房地产开发有限公司	54172.5	2.80	0.30	517 个	18—22 层	
	钱江御府	南星单元 D-02	2012	市房产开发公司	80639.61	2.80	0.30	567 个	20—22 层	
	钱塘印象	南星 E-02/03	2009	义乌中国小商品城房地产开发有限公司	145714	2.40		700 个		

续表

开盘时间	楼盘名称	地块编号	地块出让时间	投资商	建筑面积（平方米）	容积率	绿化率	停车位	楼层状况	开盘均价（元/平方米）
2016	都会天际公寓	三堡单元 R21-03	2013	万科	81268.55	3.50	0.30	715 个		
2020	凤起钱潮	景芳三堡单元 JG1202-40	2018	安徽大湾置业有限公司	119813	2.20	0.30	735 个		69800
	中海时代中心	三堡单元 R21/C2-03	2013	中海	78367.23	3.50	0.30			
		南星 E-12/13	2009	上海盛麟实业有限公司		4.80	0.25			

城市规划篇

- 钱江新城核心区　　Core Area
- 钱江新城一期　　　Phase Ⅰ
- 钱江新城二期　　　Phase Ⅱ
- 城东新城　　　　　Chengdong New Town
- 统计分析　　　　　Statistical Analysis

钱江新城的规划建设不是一蹴而就的，而是在动态中不断变化完善的，同时与不同阶段的社会经济发展相互适应、相互联系。通过规划的不断论证和深入完善，并伴随实践，我们认识到要建设一座高标准的钱江新城、一座崭新的 CBD，规划需要持续不断添加，总蓝图不变，大格局不变，然后内部不断调整。

5.1 钱江新城核心区

钱江新城核心区为 401.6 公顷，四至范围为东至钱塘江江心线，西至秋涛路，南北分别为清江路和庆春东路。核心区是钱江新城优先建设的重点区域，总目标是建设成为"杭州 CBD、天堂新地标、服务业主平台"。

5.1.1 核心区城市规划概述

钱江新城从 20 世纪 90 年代初的概念提出，到世纪之交的初现雏形，再到现在的蓬勃发展，离不开杭州市政府、杭州市钱江新城管委会的不断推动和积极建设。近三十年的发展，中间经历了数次规划和论证，凝聚着众多建设者的心血和汗水。在此，对钱江新城三十年的规划发展历程进行回顾，在肯定建设者们辛勤工作的同时，也为新城未来更好的发展提供宝贵经验。

第一阶段：定性与功能探讨阶段

20 世纪 80 年代末到 90 年代中期，许多规划界专家学者提出杭州市向钱塘江边发展的思路，并最终在 1996 年对杭州城市总体规划进行修编时，明确提出了在钱塘江边的原江滨二、三号区块建设杭州未来的商务中心（CBD）。以此为契机，杭州城市规划设计研究院对该地区进行功能定位探讨，并提议将其设为城市内部服务并兼顾中央商务职能的城市新中心。

第二阶段：规划雏形初现

在世纪之交，杭州市以行政区划调整为契机，开始实施跨江、沿江发展新战略，城市空间从围绕西湖建设发展的"西湖时代"正式跨入以钱塘江沿岸为依托，两岸夹江联动发展的"钱塘江时代"。随着杭州市政府设立 15 平方千米钱江新城这一重大决策的提出，和以杭州大剧院为代表的一些重要市级公共建筑在核心区块的开工，杭州向"钱塘江时代"迈出了坚实的一步。这坚实的一步凝聚着各方的努力。1999 年杭州市规划局组织编制了《杭州市钱塘江两岸城市景观设计》，对该地区进行概念方案设计，并由杭州市规划院进行了控制性详细规划的编制。此后，杭州市规划局邀请上海市城市规划设计研究院和浙江省城乡规划设计研究所对整个钱江新城地区进行了概念性规划，编制了《杭州市江滨城市新中心城市设计》；与此同时，钱江新城建设管委会向德国欧博迈亚设计顾问公司进行了城市设计方案咨询，编制了《钱江新城核心区城市规划国际咨询》，为钱江新城的高标准建设奠定了良好的规划基础。

其中，2001 年编制的《杭州市江滨城市新中心城市设计》提出杭州城市新中心范围集中于钱江路以东的沿江地区，明确功能定位为"城市级中心之一，具有行政办公、金融、贸易、会议展示、文化娱乐、旅游服务等功能的区域商务中心，是未来上海 CBD 多级网络中的组成部分"。核心区主体功能上突出中心区功能多样性，空间形态以多层建筑形式建筑为主，少量高层建筑作为地标节点。在办公用地规划上，以国外郊区型"公园式办公园区"建设的理念来指导用地布局，整体商务用地布局较为松散，与国外成熟的 CBD 地区的空间构成形态差距较大。

第三阶段：落实开展阶段

为落实咨询方案理念，核心区先于 2003 年编制了《钱江新城核心区控制性详细规划》，规划明确钱江新城核心区用地 4.02 平方千米，提出钱江新城核心区块"作为杭州市市级中心，是以行政办公、商务贸易、金融会展、文化娱乐、商业功能为主，居住和旅游服务功能为辅，体现 21 世纪杭州现代化城市景观的行政商务中心区"。规划对上层规划提出的市级中心定位进行确认，并提出"行政商务中心区"的定位。后在 2004 年编制了《钱江新城核心区城市设计》，着重对空间形态深化设计，在城市设计中，意图通过分地块建设方式，最终形成整体核心区高层塔楼林立的空间意向。总体看来，此阶段的城市设计更多是对控规分地块设计的一种空间细化，注重的是控规管理方式的衔接，能较快推进核心区的开发进程。

第四阶段：深化完善阶段

在核心区建设历经两年后，2005年核心区立足于中心区建设的基本规律，从中心区经济发展需求、建设强度、基础设施支撑三者协调发展的角度，思考原有规划的不足，并进行了核心区第一次的规划评估工作，随评估报告同步编制了《钱江新城核心区控规调整》以及《城市设计调整》。评估结论在肯定前期规划建设成效的同时，就原规划在体现现代城市中心区非均质发展特性的不足提出改善具体建议，如核心区建设应体现中心区高密度、高强度开发的特点，重点研究建立地区交通系统，强调空间尺度的人性化，积极促成街道空间的形成等。在此基础上，在2006年完成的《钱江新城城市设计调整》中，充分融合了评估改善建议。其中在功能定位上提出核心区应作为"杭州市市级行政中心、文化中心和城市中央商务区（CBD），以行政办公、商务贸易、金融会展、文化娱乐、商业功能为主，居住和旅游服务功能为辅，体现21世纪杭州现代化城市景观的城市中心区"。其中城市中央商务区（CBD）提法为首次明确。

在2007年的钱江新城单元控规编制中，将创造城市活力、塑造非均质的城市空间等评估建议作为设计理念，进一步调整细化核心区规划，地区定位正式确定为"长江三角洲南翼区域中心城市的中央商务区，是杭州政治、经济、文化新中心，具有行政、商务、金融贸易、信息会展、文化旅游、居住等六大功能"。最终将核心区首要定位为城市中央商务区，规划基于CBD空间形态以及交通运行的基本规律，提出适用于核心区内的控制指标体系，如建筑密度、绿地率、建筑后退距离以及机动车配建比例等，并通过图则的形式将地块建设中应完成空间优化衔接、基础设施配备的具体要求（如公共空间范围、塔楼建议位置、贴线建造的比例、交通设施、地下通道建设标高与位置等）尽可能明确，为地块开发条件设定、规划控制管理提供详尽指引。

2015年，鉴于钱江新城单元控规编制完成之后后续规划具有复杂性、规划标准的新变化对单元原有规划实施有较大影响等客观因素，杭州市规划局委托杭州市城市规划设计研究院开展了《杭州市钱江新城单元(JG13)控制性详细规划》的修编工作。该控规对2003年以来钱江新城核心区的发展建设现状进行评估，认为原有功能定位中，以中央商务区为核心定位的六大功能空间在建设层面成效较好，基本完成区域总建筑总规模的80%。总体来看，原控规功能定位设定符合片区发展诉求，规划实施程度较高。从未来发展趋势来看，核心区单元以公共服务功能为主导特色的定位随着商务办公产业与人口发展将会进一步凸显，最终实现以片区发展积极推动引导杭州城市东扩、沿江发展的总体设想。

2020年，钱江新城已初步实现成为城市新中心和中央商务区的目标，核心区单元与老城的衔接更加紧密，同时区内配套设施功能日渐完善，品质得到明显提升，对外交通条件和区内道路网体系不断健全。

5.1.2 核心区单元

规划范围

钱江新城核心区单元濒临钱塘江，沿江面长度达2.4千米，建设用地范围相对规整，地形呈块面状。具体范围为东至钱塘江江心线，南至清江路，西至秋涛路，北至庆春东路，总面积555.82公顷，其中陆域用地面积为401.6公顷，钱塘江水域面积154.22公顷（如图5-1所示）。

图 5-1　核心区单元规划范围

功能定位

长江三角洲南翼区域中心城市中央商务区的重要组成部分，杭州市级公共服务新中心，集金融贸易、行政办公、商业商务、信息会展、文化创意、旅游休闲、品质居住等功能为一体的城市中心区。同时，单元将形成以总部经济、金融服务、行政办公为核心功能，兼容品质居住、公共配套服务、旅游休闲等功能为一体的综合功能区，以扩大钱江新城"杭州CBD、天堂新地标、服务业主平台"的辐射和影响。

用地规模

规划总用地面积401.61公顷，其中建设用地面积396.11公顷，包括建设用地中城市建设用地 392.27 公顷，发展备用地 2.15 公顷，军事用地 1.69 公顷。非建设用地为 5.5 公顷。

规划城市建设用地 392.27 公顷，其中居住用地 47.93 公顷，占 12.22%；公共管理与公共服务设施用地 42.38 公顷，占 10.80%；商业服务业设施用地 105.56 公顷，占 26.91%；交通设施用地 103.62 公顷，占 26.42%；公用设施用地 3.44 公顷，占 0.88%；绿地与广场用地 89.34 公顷，占 22.18%。具体情况如图 5-2 所示。

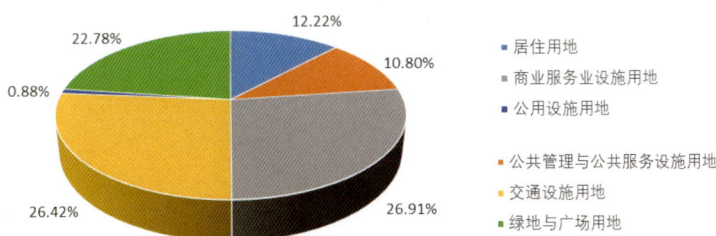

图 5-2　核心区建设用地比例示意图

规划结构

整体形成"双轴、双核、两带、八片"分布结构，如图 5-3 所示。

图 5-3　核心区规划结构示意图

"双轴"——西湖钱塘江城市主轴与富春路发展次轴。

规划区域中部垂直钱塘江形成城市主轴线，向西延伸直至西湖，并将区域内的"绿核—市民公园和城市核心—市民中心与文化中心"串联起来，通过步行广场直达钱塘江边。此外，沿富春路构成核心区发展次轴线，以商务、滨河休闲活动功能为主，体现地区活力。

"双核"——绿核与城市核心。

绿核：规划城市轴线上的市民公园为单元中心绿核，是展示新中心生态景观建设的重要平台，公园建设融合文化功能。

城市核心：主要为多样功能综合的市民中心、大剧院、国际会议中心，与波浪文化城所共同组成的城市核心，构成杭州城市现代化的新形象。

"两带"——森林公园绿带、世纪花园绿带。

两条垂直于钱塘江的楔形绿带，既是市中心高密度建筑开发的缓冲带，在空间上又起到界定、促进虚实对比的作用。

"八片"——商务办公区与居住片区。

以主、次干道和城市轴线将区块划分成相对独立的八个片区，包括五个商务办公片区和三个居住片区。其中金融片区位于钱江路以西，与钱江路以南的四个商务办公片区呈"品"字形布局。三个居住片区为观音塘住区、采荷住区和农居安置住区。

地块控制性指标

核心区单元地块控制性指标如表 5-1 所示。

表 5-1　核心区单元地块控制性指标

用地性质	用地面积（公顷）	建筑面积（平方米）			机动车位（个）
		住宅	公建	合计	
商务用地	61.35	0	4034684	4034684	28059
商业用地	11.98	0	426360	426360	3226
商务兼容公共交通场站用地	1	0	65000	65000	715
供电用地	3.23	0	60550	60550	0
公园绿地	25.81	0	0	0	0
公园绿地兼容社会停车场用地	15.36	0	0	0	0
防护绿地	11.11	0	0	0	0
水域	5.51	0	0	0	0
二类住宅用地	43.23	1187089	27129	1214218	5306

续表

用地性质	用地面积（公顷）	建筑面积（平方米）			机动车位（个）
		住宅	公建	合计	
商业兼容商务用地	21.63	0	1220006	1220006	9648
商务兼容社会停车场用地	1.53	0	122400	122400	1077
行政办公用地	19.52	0	324110	324110	2246
文化活动用地	8.15	0	145314	145314	962
娱乐用地	4.69	0	40803	40803	248
广场用地	8.96	0	0	0	0
广场兼通社会停车场用地	2.6	0	0	0	0
城市建设用地	2.15	0	0	0	0
居住用地	2.35	102675	2840	105515	550
商业 / 商务兼容供电用地	3.03	0	303000	303000	0
防护绿地兼容社会停车场用地 / 轨道交通用地	3.57	0	0	0	589
服务设施用地	2.34	0	32762	32762	100
中小学用地	6.6	0	66000	66000	4
公园绿地 / 轨道交通用地	1.75	0	0	0	0
行政办公兼容文化设施用地	0.6	0	12000	12000	0
医疗卫生用地	6.72	0	124738	124738	120
医疗卫生兼容社会福利用地	0.53	0	10600	10600	0
加油加气站用地	0.37	0	0	0	0
排水用地	0.2	0	0	0	0
社会停车场用地	0.03	0	0	0	0
公园绿地兼容文化设施、公共交通场站、社会停车场用地	20.34	0	0	0	0
社会福利用地	0.26	0	2990	2990	0
军事用地	1.69	0	77740	77740	0
合　计	298.19	1289764	7099026	8388790	52850

5.2 钱江新城一期

钱江新城一期占地面积约为 1580 公顷，规划总用地四至范围为：东以钱塘江为界，西至秋涛路，南至姚江路，北靠钱江二桥和艮山西路。其中，景芳三堡单元位于核心区东北面，南星、近江、望江单元位于核心区西南面。

5.2.1 景芳—三堡单元

规划背景

钱江新城单元与钱江新城扩容区块（二期）之间的"景芳—三堡"单元已发展成杭州市城市新中心地区的重要组成部分，在城市空间轴上的重要性得以很大的提升，迎来了快速发展的契机。在 2007 年前后，该区内分别编制了景芳单元控规和三堡单元控规。时隔 5 年之后，该地区又迎来了新的发展变化。

规划范围

东至沪杭铁路线，西至新塘路中心线，南至庆春路中心线及钱塘江堤，北至艮山西路中心线，总面积 632.26 公顷。如图 5-4 所示。

功能定位

集生活居住、商业商务、文化旅游、休闲游憩等综合功能于一体的钱江新城核心区的服务延伸区，江河交汇的商贸、旅游功能区，宜居、生态的城

图 5-4　景芳—三堡单元规划范围图

市美丽新社区。

用地规模

规划总用地面积 632.26 公顷，其中建设用地面积 592.7 公顷，包括建设用地中城市建设用地 580.35 公顷，区域交通设施用地 10.21 公顷，特殊用地 2.14 公顷。

规划城市建设用地 580.35 公顷，其中居住用地 203.63 公顷，占 35.09%；公共管理与公共服务设施用地 43.83 公顷，占 7.55%；商业服务业设施用地 75.54 公顷，占 13.02%；交通设施用地 141.45 公顷，占 24.37%；公用设施用地 11.72 公顷，占 2.02%；绿地与广场用地 104.18 公顷，占 17.95%。具体情况如图 5-5 所示。

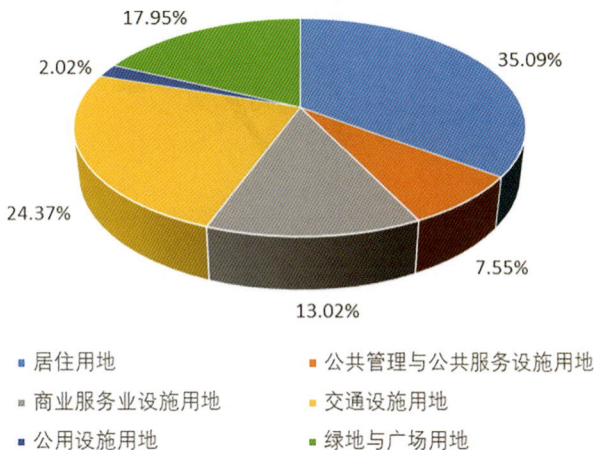

图 5-5　景芳—三堡单元建设用地比例示意图

规划结构

规划形成"一心两廊、四轴六片五点"的空间布局结构（如图 5-6）。

"一心"：即江河交汇处的商业商务核心和景观核心，是整个区块可看性最强且最有标志性的区域，是京杭运河和钱塘江交汇的地区。

"两廊"：由京杭运河和钱塘江沿岸绿带构成的 T 字形公共开敞空间走廊，是融文化、休闲、观光旅游等功能为一体的城市绿廊。

"四轴"：即沿新塘路、凤起东路、钱江路和运河东路形成的四条商贸发展轴。其中，新塘路南接钱江新城、北接新东站枢纽，结合地铁 4 号线"点—轴"开发形成商业、办公氛围，是重要的南北发展轴；凤起东路是西连杭州主城区，东通

下沙的东西向发展轴，两侧以
商贸、办公为特色；钱江路连
接钱江新城核心区和钱江新城
扩容区块，是与钱塘江平行的
新城重要发展轴线；运河东路
是本单元向北连接新东站枢纽
地区的纵向发展轴。

"六片"：单元内的六片居
住—商业复合功能组团，包括
运河西岸的艮昙组团、钱江苑
组团、钱塘组团和运河东岸的
江景组团、中部组团、北部居
住、办公复合组团。

"五点"：围绕商贸发展轴
和地铁站点开发形成的五个商
业、办公节点。

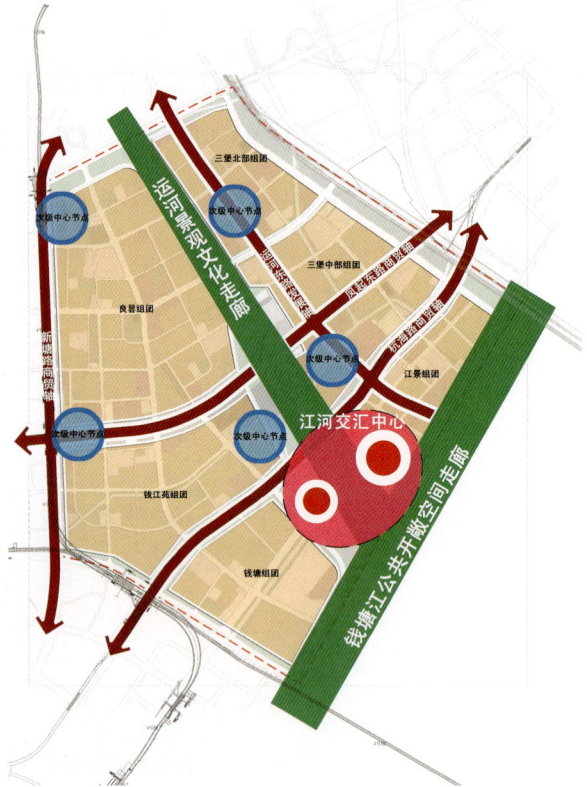

图 5-6 景芳—三堡单元规划结构示意图

5.2.2 南星单元
规划范围
西至秋涛路，东临钱塘江，北起望江东路，南至姚江路（如图 5-7）。

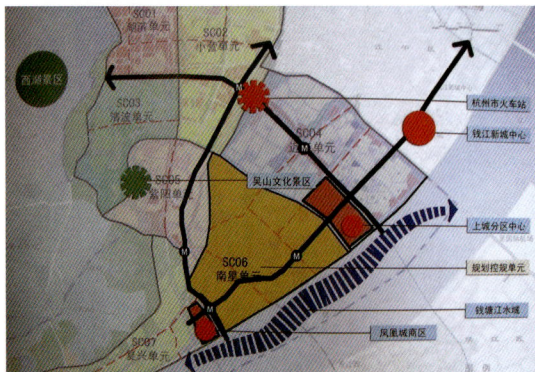

图 5-7 南星单元规划范围图

功能定位
杭州主城区东扩战略实施的配
套齐全，设施完善、交通便捷、环
境优美的新型现代城市居住功能
区块。
用地规模
总用地面积 320.07 公顷，其
中保留城市建设用地 15.31 公顷，

规划城市建设用地 289.69 公顷，水域及其他用地 15.07 公顷。

规划城市建设用地的 289.69 公顷中，公共设施用地 13.45 公顷，占 4.64%；道路广场用地 66.37 公顷，占 22.91%；绿化用地 45.62 公顷，占 15.75%；居住用地 146.72 公顷，占 50.65%；市政公用设施用地 6 公顷，占 2.07%；对外交通用地 11.53 公顷，占 3.98%。具体情况如图 5-8 所示。

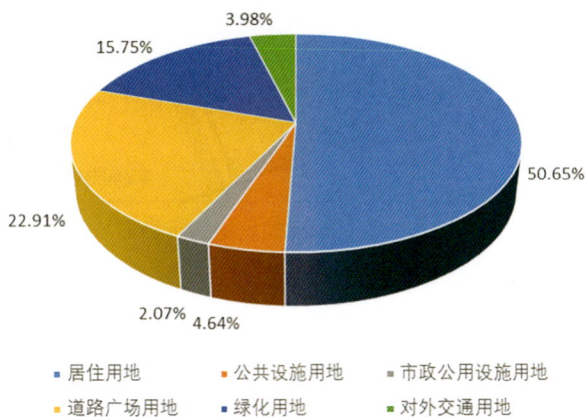

图 5-8　南星单元建设用地比例示意图

规划结构

形成"两横、三纵、九片区"的布局结构（如图 5-9）。

"两横"：甬江路和姚江路两条居住生活发展轴，作为地区社区联系性轴线，形成具有浓厚生活气息的街道。

"三纵"：在规划区块沿秋涛路、钱江路、富春江路形成三条地区性发展主轴线，并带动整个区域的开发建设。

"九片区"：规划的九个居住片区，在每个片区中部都尽可能形成绿地与配套设施共同构筑的公共空间，形成各个封闭式居住组团积聚中心，以引导修建性的规划设计与实施方案，使方案中心组团中心绿地与社区中心建立系统的联系，保证每个居住组团都与片区中心建立较为紧密的关系，使步行系统在形态上得以加强。同时，随着时代的进步，在封闭式的居住管理模式被数字化的开放管理模式替代后，整个步行开放空间也随之形成。

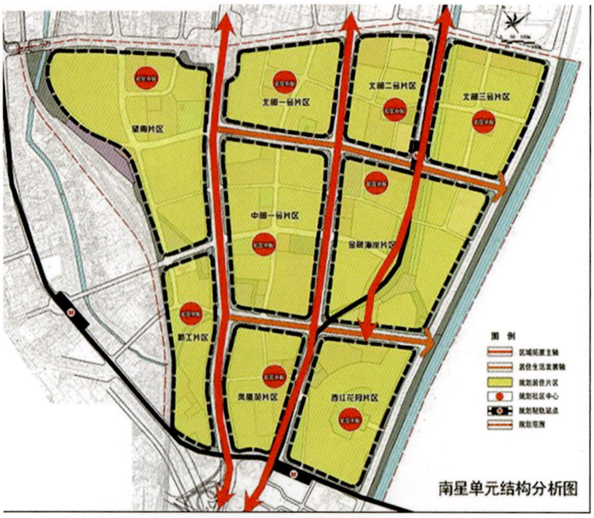

图 5-9　南星单元规划结构示意图

5.2.3　近江单元

规划范围

东至钱塘江，西临钱江路，北至婺江路，南至望江路（如图 5-10）。

图 5-10　近江单元规划范围图

功能定位

建设富有活力的中央居住区，钱江新城的配套片区。通过用地结构的调整，路网系统的完善，合理引导规划区域由居住工业混合区向城市转化，逐步将其建成交通便捷、设施完善、环境优美的现代化城区。

用地规模

总用地面积 373.04 公顷，其中规划城市建设用地 366.38 公顷，水域用地 6.66 公顷。

规划城市建设用地的 366.38 公顷中，公共建筑用地 65.50 公顷，占 17.88%；道路广场用地 59.83 公顷，占 16.33%；绿化用地 38.79 公顷，占 10.59%；居住用地 196.83 公顷，占 53.72%；市政公用设施用地 4.74 公顷，占 1.29%；对外交通用地 0.69 公顷，占 0.19%。具体情况如图 5-11 所示。

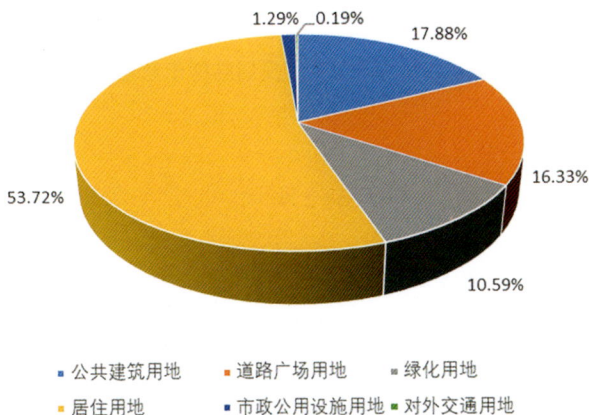

图 5-11 近江单元建设用地比例示意图

规划结构

形成"二心、四轴、六片"的布局结构（如图 5-12）。

"二心"：城站东出入口及其周边为第一心；上城区沿钱塘江的公共中心，其中包含大量的行政办公、商业金融和文化娱乐用地为第二心。

"四轴"：沿秋涛路和婺江路为主要发展轴，其道路两旁分布着大量的公共服务设施及交通设施，并兼有重要的景观功能；沿钱江路和之江路为次要发展轴。

"六片"：依靠婺江路、秋涛路、钱江路将近江单元分成六个片区，即望江北区、望江中区（望北地区由望江北区和望江中区构成）、中部片区 N、中部片区 S、中心片区（中心片区为上城区公共中心）和滨江四号片区。

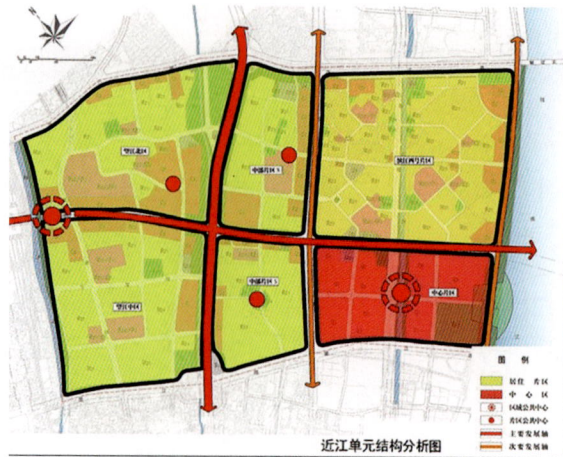

图 5-12　近江单元规划结构示意图

地块控制性指标

近江单元地块控制性指标，如表 5-2 所示。

表 5-2　近江单元地块控制性指标

用地性质	用地面积（公顷）	建筑面积（平方米）			机动车位（个）	自行车位（个）
		住宅	公建	合计		
二类城市住宅	95.08	2476540	123390	2599930	10898	43572
学校	16.44		125220	125220		
公共服务设施	3.89		120890	120890	545	9074
商住用地	4.14		195100	195100	847	14629
商业金融	42.46		1951480	1951480	8405	141566
行政办公	7.98		354600	354600	1385	27082
文化娱乐	6.17		285140	285140	1232	21386
医疗卫生	2.44		107200	107200	440	8040
城市公园	7.98					
小区绿地	7.56					
街头绿地	29.82					
防护绿地	0.99					
公交首末站	0.95					
立交预留	1.15					
110KV 变电站	1.42					

续表

用地性质	用地面积（公顷）	建筑面积（平方米）			机动车位（个）	自行车位（个）
		住宅	公建	合计		
加油站	0.43					
垃圾中转站	0.16					
污水泵站	0.13					
城站东广场站屋	0.69					
城站东广场	1.22					
合　计	231.1	2476540	3263020	5739560	23752	265349

5.3 钱江新城二期

钱江新城二期总用地面积约为 5.8 平方千米，规划范围西起沪杭高铁、南临钱塘江、北至艮山东路、东至和睦港——九田路。其中包括四堡单元、七堡单元。

5.3.1 四堡、七堡单元

规划范围

西至铁路，北至艮山东路，南至钱塘江，东至九堡大桥（如图 5-13）。

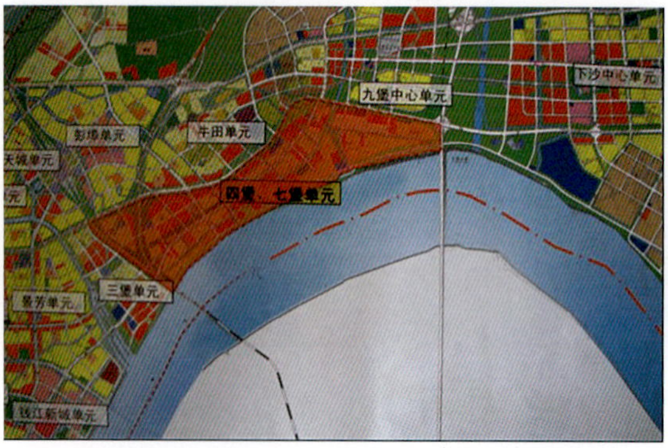

图 5-13 四堡、七堡单元规划范围图

功能定位

通过用地功能区块的划分、路网系统的完善，逐步将四堡和七堡单元建设成高品质、功能齐全、交通便捷、设施完善、环境优美而富有生活气息的现代化城区。

用地规模

总用地面积 770.92 公顷。其中规划城市建设用地 744.54 公顷，水域及其他用地 26.38 公顷。

规划城市建设用地的 744.54 公顷，其中，居住用地为 296.87 公顷，占

39.87%；住宅公建兼容用地为 2.63 公顷，占 0.35%；公共设施用地为 93.34 公顷，占 12.54%；市政公用设施用地为 16.27 公顷，占 2.19%；绿化用地为 160.01 公顷，占 21.49%；特殊用地为 0.59 公顷，占 0.08%；工业用地 2.80 公顷，占 0.38%；道路广场用地为 172.03 公顷，占 23.11%。具体情况如图 5-14 所示。

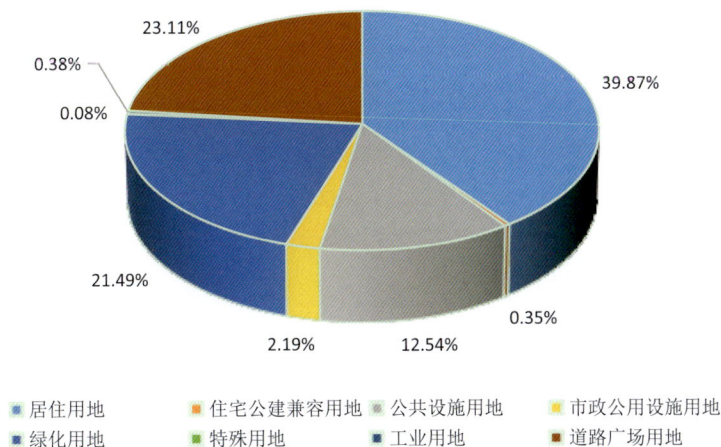

图 5-14　四堡、七堡单元建设用地比例示意图

规划结构

形成"一核、一环、四心、五轴"的用地布局结构。

"一核"：沿江形成公共中心，作为四堡、七堡单元的核心，强调商务、休闲、文化等多种功能。

"一环"：依托观潮路、三官塘路、月扬路及引水河路形成区域内部公共发展环。

"四心"：考虑规划区块与周边地块——火车东站交通枢纽中心、九堡地铁中心站公共中心及江干科技园的发展联系。

"五轴"：沿三官塘路、钱潮路、月扬路形成三条纵向公建发展轴；钱塘江沿线形成沿江景观发展轴；结合居住区服务配套中心及公共中心沿钱江东路形成一条城市景观发展轴。

地块控制性指标

四堡、七堡单元地块控制性指标如表 5-3 所示。

表 5-3 四堡、七堡单元地块控制性指标

用地性质	用地面积（公顷）	建筑面积（平方米）			机动车位（个）	自行车位（个）
		住宅	公建	合计		
C-G11-01（无类别）	6.09					
城市道路	170.61					
防护绿地	84.71					
粪便垃圾处理用地	0.23					
工业用地	2.8		22400	22400		
公共服务设施用地	1.55		31000	31000		
公共交通用地	5.75					
公园	10.69					
供电用地	0.98					
供燃气用地	0.19					
供水用地	0.68					
加油站	1.08					
教育科研设计用地	4.77		47700	47700		
街头绿地	58.52					
居住区配套公共服务设施用地	4.91		98200	98200		
居住小区绿地	12.64					
居住小区绿地停车场兼容用地	1.91					
军事用地	0.59					
其他交通设施用地	0.33					
其他市政公用设施用地	3.72		31980	31980		
商业兼容体育用地	2.83		50940	50940	2993	2038
商业金融业用地	82.69		2412100	2412100	22114	96484
社会停车场库用地	0.76				96	
水域	26.38					
文化娱乐用地	1.05		15750	15750	236	1181
行政办公用地	2		50000	50000	400	1000
学校	38.36		294820	294820		

续表

用地性质	用地面积（公顷）	建筑面积（平方米）			机动车位（个）	自行车位（个）
		住宅	公建	合计		
游憩集会广场用地	0.66					
雨水、污水处理用地	3.31					
住宅公建兼容用地	2.63	20000	27340	47340	198	1490
住宅用地	237.5	5446610	536370	5949580	44858	89716
合　计	770.92	5466610	3618600	9051810	70895	191909

5.3.2　四堡污水厂单元

规划范围

西至京杭运河，东到铁路，北至钱江路（现杭海路），南到钱塘江（如图5-15）。

图 5-15　四堡污水厂单元规划范围图

功能定位

本区块的定位为杭州市重要的水上旅游和文化旅游节点，是为钱江新城配套的以商业金融、休闲游憩、生活居住为主的多功能滨水区。

用地规模

规划范围内用地现状主要为四堡污水处理厂，用地面积 35.37 公顷。其他单位和设施已经搬迁或即将搬迁。城市建设用地面积 68.92 公顷，水域和其他用地面积

6.90 公顷，四堡污水厂单元合计 75.82 公顷。

在城市建设用地的 68.92 公顷中，居住用地为 14.29 公顷（扣除居住配套 2.08 公顷、小区绿地 1.12 公顷，实际可开发居住用地 11.09 公顷），占 20.73%；居住兼容商业用地 4.36 公顷，占 6.33%；公用建筑用地 9.91 公顷，占 14.38%；地铁上盖物业用地为 2.53 公顷，占 3.67%；道路广场用地 23.27 公顷，占 33.76%；污水泵站兼容公园用地 1.05 公顷，占 1.52%；绿化用地 11.94 公顷，占 17.33%；对外交通（铁路）用地 1.57 公顷，占 2.28%。具体情况如图 5-16 所示。

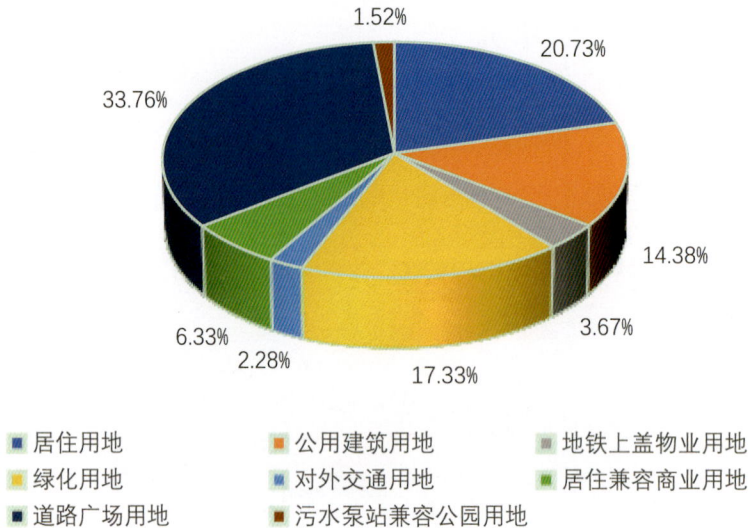

图 5-16　四堡污水厂单元建设用地比例示意图

规划结构

形成"一心、两组团、两轴线"的布局结构。

"一心"：运河东路以西的综合公共服务核心，以江河交汇区为中心，将商业金融、文化娱乐、办公、公共开放空间等功能融为一体。

"两组团"：御道路两侧两个居住与商住复合组团，沿钱塘江和钱江路以商住用地为主，中部为居住和居住配套用地为主。

"两轴线"：沿钱塘江步行景观轴线和运河步行景观轴线。

地块控制性指标

四堡污水厂单元地块控制性指标如表 5-4 所示。

表 5-4　四堡污水厂单元地块控制性指标

用地性质	用地面积（公顷）	建筑面积（平方米）			机动车位（个）	自行车位（个）
		住宅	公建	合计		
城市道路	23.27					
地铁上盖物业	2.53	75000	92200	167200	1067	5953
公园绿地	7.31					
街头绿地	4.63					
商业兼容文化娱乐用地	2.2		188800	188800	2832	9440
商业金融业用地	7.71		662550	662550	5271	32323
市政兼容绿地	1.05					
水域	6.9					
铁路用地	1.57					
小区绿地	1.12					
学校	2.08		11360	11360	42	253
游憩集会广场用地	0.69					
住宅兼容商业用地	4.36	171300	34500	205800	1019	4778
住宅用地	11.09	394160	33500	427660	2346	7820
合　计	76.51	640460	1022910	1663370	12577	60567

5.4　城东新城

规划范围

规划区域西起石桥路—秋涛路，东至沪杭高速公路，南起艮山西路，北至德胜路，规划总用地面积约 931.57 公顷（如图 5-17 所示）。具体可划分为天城单元和彭埠单元两个部分，各自范围如下。

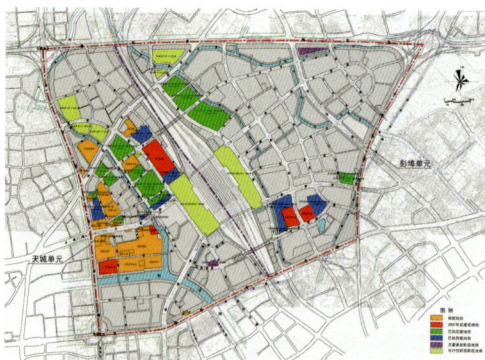

图 5-17　城东新城规划范围图

天城单元范围：西起秋涛路—石桥路，东至铁路中心线，南起艮山西路，北至德胜路，规划用地面积 417.35 公顷。

彭埠单元范围：西起铁路中心线，东至沪杭高速公路，南起艮山西路，北至德胜路，规划用地面积 514.22 公顷。

功能定位

通过全面解析区域所承担的角色，将城东新城定位为以现代化综合交通枢纽为依托，以高端商务办公、商业休闲、旅游服务、居住生活功能为主体的，具有高品质管理服务水平的现代驿城和体现国际形象的都市门户地区。该定位在于昭示城东新城围绕交通枢纽发展的优势，与上海实现"同城关联"，实现以高端和区域国际化后台服务、旅游服务为主的产业特色，在新交通方式带动下培育独特生活方式、国际形象的门户特色。

与上一轮单元控规所确定的区域功能定位相比，本轮规划在肯定原控规所确定的城市新中心、城市门户定位的基础上，认为应进一步强调综合交通枢纽依托型中心区的发展特色，同时应结合两个规划管理单元所处区域和区位特点，在功能定位上各有侧重。

天城单元：以现代化交通枢纽为依托的城市副中心，以旅游服务、商业休闲和居住生活功能为主，展现杭派印象生活、精致和谐形象的城市门户区。

彭埠单元：迎合高铁时代，与上海等周边城市实现同城互动，展现现代生活方式；以现代化交通枢纽为依托的城市副中心，以高端商务办公、商业休闲、居住生活功能为主，以旅游服务功能为辅，融合杭派印象与海派意向的国际化时尚都市门户区。

用地规模

规划城东新城地区总用地面积931.57公顷，其中核心区（由规划新井路—麦庙港—运河—艮山西路—环站西路—新塘路—沪杭高速公路—同协路—天城路—创新路—下宁路所围合的区块，含枢纽区）用地282.38公顷，枢纽区（包括站屋占地16.8公顷，广场综合体用地26.72公顷）用地55.74公顷。

规划城市建设用地895.10公顷，其中居住用地341.54公顷（其中居住兼容商业用地21.53公顷），公共设施用地125.26公顷（含商业为主的综合开发用地61.4公顷），对外交通用地78.85公顷，市政公用设施用地8.79公顷，道路广场用地234.35公顷，绿化用地102.99公顷，特殊用地3.32公顷。具体规划情况如图5-18。

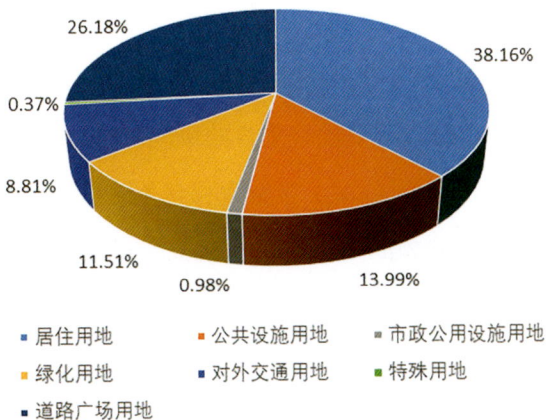

图5-18　城东新城建设用地比例示意图

规划结构

1. 城东新城规划结构优化

结合以综合体为载体的开发思路调整，整个城东新城的规划结构进行了适当优化，即整体形成"一心七核，三轴联动，五带环绕，七片共融"的规划结构体系，如图 5-19 所示。

"一心"：以东站交通枢纽为核心，结合东西广场的综合开发形成的集交通换乘、旅游集散、物流商贸和商务休闲配套服务为一体的东站交通枢纽综合体。

"七核"：结合城东新城核心区七大综合体的建设。在各综合体内，具有触媒效应和地标性的建筑综合体，是各个综合体建设的核心。具体包括吴越水岸商务城城市综合体内以体现杭派印象生活为主的运河文化商旅建筑广场综合体，皋塘运河双铁生活城市综合体内结合地铁上盖物业形成的建筑综合体，大东门时尚商街城市综合体内具有"锚主力店"特征的商业娱乐建筑综合体，长三角国际商务城内结合环站东路地下商街出口形成的建筑综合体，东都会广场综合体内与站屋建筑遥相呼应的文化创意建筑综合体，以及彭埠双铁生活城市综合体和明石双铁生活城市综合体内结合地铁上盖物业形成的建筑综合体。

"三轴"：形成纵横两条主轴线和一条次轴线。即结合以火车东站节点为中心的 TOD 开发模式，向东西两侧延伸，串联七大综合体形成的新城发展横向主轴线，通过各空间要素的整合和开合有致的空间序列组织，构筑城东新城最主要的公共空间系统；结合铁路形成新城发展的纵向主轴线，以丰富有致的铁路沿线绿化景观为衬托，构筑为中转旅客和商务配套服务的滨铁服务轴。另外，沿环站东路附近结合两侧地块形成与横向主轴线垂直的纵向次轴线，通过构筑地下商业街和二层连廊复合空间带，串联地铁站、主轴线和商务综合发展区。

"五带"：依托城东新城内的河道水系形成滨水景观休闲带，包括京杭运河、麦庙港、二号港、五号港和白石港。

"七片"：规划以道路、河道、绿化带为分隔的七个居住片区，包括铁路以西的四个片区和铁路以东的三个片区，每个片区结合配套服务中心、小区绿地等形成公共活动中心。

图 5-19　城东新城规划结构示意图

2. 天城单元规划结构调整

在整个城东新城规划结构优化的基础上，将天城单元原"一心、两带、三轴、四片"的布局结构，调整为"一心二轴、两核四点、两带三廊、四片交融"的布局结构。即保留原四个居住片区的划分结构和依托京杭运河、麦庙港形成的两条生态景观纽带，同时调整其他结构要素如下。

"一心二轴"：为了进一步强化形成地区空间架构的要素，将单元核心锁定为东站交通枢纽及西广场区域，将轴线界定为依托新塘路及两侧地块形成的串联西部两大综合体区域的发展轴线和纵向沿铁路形成的滨铁服务轴。

"两核四点"：为强调综合体做地理念，本单元在两个综合体内形成两个建筑复合化开发的核心体，同时在四个居住片区形成四处居住片区中心，进而提升整个单元的公共服务体系。

"两带三廊"：一方面，结合运河和麦庙港沿岸的小区绿地和组团绿地，形成开合有致的生态景观纽带；另一方面，强化天城路、新风路南段和新风路北段三条以道路为依托、以东站站房建筑为对景的视线廊道。

3. 彭埠单元规划结构调整

在整个城东新城规划结构优化的基础上，将彭埠单元原"一心、两轴、四片"的布局结构，调整为"一心三轴、五核三点、三带四廊，三片交融"的布局结构。即保留原规划一心和四个居住片区的划分结构（其中兴隆片区结合本次单元界线调整已在规划范围外），同时调整其他结构要素如下。

"一心三轴"：与天城单元同样，从强化城东新城的空间架构出发，将铁路东站站屋和东广场作为单元核心；向东辐射延伸经生态公园至地铁明石站，形成横向主轴线，沿铁路形成滨铁服务主轴，同时结合环站东路及两侧形成纵向次轴线。

"五核三点"：为强调综合体做地理念，本单元在五个综合体内分别形成建筑复合化开发的核心体，同时在三个居住片区各形成一处居住片区中心，进而提升整个单元的公共服务体系。

"三带四廊"：即从区域空间品质提升的角度，注重对滨水三条生态景观带和下宁路南段、下宁路北段、天城路和新塘路四条视线廊道景观的塑造。

地块控制性指标

城东新城地块控制性指标如表 5-5 所示。

表 5-5 城东新城地块控制性指标一览表

用地性质	用地面积（公顷）	建筑面积（平方米）			机动车位（个）	自行车位（个）
		住宅	公建	合计		
住宅用地	178.86	4646800	422010	5068810	44391	117496
商住混合用地	21.53	524540	176000	700540	6952	22704
住宅用地（农居安置）	70.64	1867420	177092	2044512	13446	45325
15 班幼儿园	1.33	0	15840	15840	0	0
24 班中学	1.98	0	13860	13860	0	0
30 班小学	6.83	0	46770	46770	0	0
配套服务设施用地	6.82	0	228660	228660	1382	16871
18 班小学	2.81	0	16860	15370	0	0
12 班幼儿园	3.88	0	39433	39433	0	0
36 班小学	4.47	0	26820	26820	0	0

续表

用地性质	用地面积（公顷）	建筑面积（平方米）			机动车位（个）	自行车位（个）
		住宅	公建	合计		
24 班机场路中学	2.17	0	13020	13020	0	0
18 班濮家小学	0.79	0	6320	6320	0	0
6 班濮家幼儿园	0.21	0	1680	1680	0	0
6 班幼儿园	1.07	0	8852	8852	0	0
30 班濮家中学	2.69	0	16140	16140	0	0
小区公园 / 地下停车	2.26	0	0	0	0	0
小区公园 / 防护绿地	3.16	0	0	0	0	0
小区公园 / 地下停车 / 公共交通	0.82	0	0	0	0	0
小区级公园	3.96	0	0	0	0	0
小区级公园 / 地下停车 / 公共交通	1.52	0	0	0	0	0
行政办公用地	0.78	0	18800	18800	150	752
行政办公 / 配套服务设施用地	0.24	0	5040	5040	40	202
商业办公用地	50.6	0	1909546	1909546	17999	127994
商业办公 / 公共交通用地	1.1	0	38500	38500	385	2695
商业办公 / 住宅用地	8.74	180000	256200	436200	4360	29530
商业办公 / 科研设计用地	0.93	0	40920	40920	140	1628
商业办公 / 文化娱乐 / 住宅用地	7.54	108000	306700	414700	4148	29030
中等专业学校用地	0.67	0	9380	9380	47	563
车站站屋西侧综合用地	14.51	0	174120	174120	0	0
铁路用地	22	0	0	0	0	0
铁路附属设施用地	2.13	0	0	0	0	0
道路用地	204.9	0	0	0	0	0
供水用地	1.55	0	0	0	0	0
供电用地	2.46	0	0	0	0	0
公共交通用地	0.3	0	0	0	0	0
其他交通设施用地	0.88	0	0	0	0	0
雨水污水处理用地	0.95	0	0	0	0	0
公园 / 绿地广场	3.88	0	0	0	0	0

续表

用地性质	用地面积（公顷）	建筑面积（平方米）			机动车位（个）	自行车位（个）
		住宅	公建	合计		
公园/运河码头/商业用地	4.05	0	121500	121500	1215	8505
街头绿地	78.32	0	0	0	0	0
生产防护绿地	14.01	0	0	0	0	0
特殊用地	3.32	0	0	0	0	0
水域	36.47	0	0	0	0	0
住宅用地（保留农居安置）	5.41	120710	17720	138430	538	5540
54班九年制学校	4.26	0	25560	25560	0	0
30班中学	4.54	0	27240	27240	0	0
24班小学	1.58	0	9480	9480	0	0
小区级公园/地下停车/公交用地	1.88	0	0	0	0	0
居住区公园/地下停车/公交用地	3.61	0	0	0	0	0
小区级公园/地下停车	2.46	0	0	0	0	0
商业办公/居住用地	13.85	65000	582800	647800	6478	45346
商业办公/教育科研/居住用地	12.33	100000	518950	618950	6190	43327
商业办公/教育科研/文化娱乐用地	4.33	0	151550	151550	1516	10609
商业办公/文化娱乐用地	5.46	0	149600	149600	1497	10473
商业办公/文化娱乐/居住用地	8.22	55000	376500	431500	4315	30205
商业办公/停车/公交用地	3.22	0	209300	209300	2093	14651
文化娱乐用地	3.3	0	115500	115500	1155	8085
医院用地	3.67	0	73400	73400	734	5138
其他公共设施用地	0.28	0	0	0	0	0
车站站屋东侧综合用地	12.21	0	219780	219780	0	0
铁路站场用地	5.88	0	0	0	0	0
铁路线路用地	48.84	0	0	0	0	0
步行街用地	2.06	0	0	0	0	0
广场用地	0.67	0	0	0	0	0
邮电设施用地	0.96	0	0	0	0	0

续表

用地性质	用地面积（公顷）	建筑面积（平方米）			机动车位（个）	自行车位（个）
		住宅	公建	合计		
垃圾处理用地	0.45	0	0	0	0	0
其他市政公用设施用地	0.5	0	0	0	0	0
市政备用地	0.74	0	0	0	0	0
公园／行政办公用地	1.26	0	12600	12600	0	0
公园／商业办公用地	1.47	0	14700	14700	0	0
合　计	931.57	7667470	6594743	14260723	119171	576669

5.5 统计分析

　　钱江新城在建设之初，就提出要按照"高起点规划、高标准建设、高强度投入、高效能管理"的四高要求严格执行。通过规划先行、征地拆迁先行、基础设施先行，为钱江新城培育现代商务功能，并为成为长三角南翼区域中心城市的中央商务区打下坚实基础；随后通过市民中心、杭州大剧院等大项目带动，吸引大量企业入驻，逐渐形成以政府为主导、以企业为主体、市场化运作的良好格局，使钱江新城的金融商务功能不断深化，国际影响力不断显现。在最新的规划中，钱江新城核心区的功能被定位为长江三角洲南翼区域中心城市的中央商务区，杭州市级公共服务新中心，集金融贸易、行政办公、商业商务、信息会展、文化创意、旅游休闲、品质居住等功能为一体的城市中心区。本节利用控规资料，对核心区的规划建设用地情况进行统计分析，以此展现出核心区所具备的主要功能。

5.5.1 居住功能

人口统计

　　在分析居住功能前，先对核心区人口进行统计分析。核心区用地位于上城区采荷街道与四季青街道范围内，其中沿秋涛路沿线属采荷街道，其余用地属四季青街道。采荷街道涉及四个社区：静怡社区、江汀社区、常青苑社区、健风社区。四季青街道涉及三个社区：定海社区、钱杭社区和城星社区。根据全国第六次普查数据，单位内现状人口 19069 人。具体情况如表 5-6、图 5-20 所示。

表 5-6 钱江新城核心区人口统计表

街道	社区	居住总户数（户）	居住总人数（人）	户籍人口（人）	流动人口（人）
采荷街道	静怡社区	1806	5418	2581	710
	江汀社区	1086	4600	3258	660

续表

街道	社区	居住总户数（户）	居住总人数（人）	户籍人口（人）	流动人口（人）
采荷街道	常青苑社区	593	460	1780	490
	健风社区	1935	5700	5805	750
	小计	5420	16178	13424	2610
四季青街道	定海社区			1762	
	钱杭社区	735	2206	702	653
	城星社区	228	685	104	
	小计	963	2891	2568	653
合 计		6383	19069	15992	3263

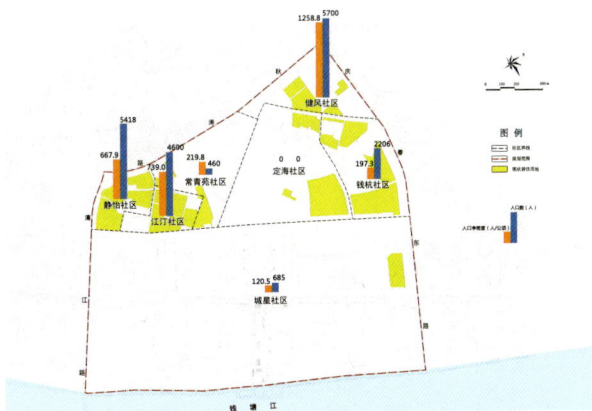

图 5-20　钱江新城核心区人口分布现状及密度图

从空间上看，现状人口主要分布在单元西侧钱江路以北、解放路以西区域，以及单元北侧新塘路以西、杭海路以北区域。

从人口总量上看，静怡、江汀及健风社区人口数相对较多，主要由于社区范围内以 20 世纪八九十年代住宅为主，入住率较高。而由于常青苑、定海和钱杭社区内多为安置地块，仍处于刚刚建成或在建中，入住率相对较低。因此本单元现状人口远低于规划人口。

从人口净密度上看，健风社区、江汀社区、静怡社区相对密度较大，常青苑社区、钱杭社区、定海社区、城星社区则相对较少。健风社区、江汀社区、静怡社区由于大多为 20 世纪八九十年代建筑，有部分为多层建筑，户均面积较小，居住人口多，人口净密度较高。而常青苑社区、钱杭社区、定海社区、城星社区由于有部分为在建安置用房，入住率不高，因此人口密度相对较低。

用地统计

规划居住用地 47.93 公顷，占城市建设用地的 12.22%。居住用地包括住宅用地和服务设施用地，其中住宅用地 45.6 公顷，服务设施用地 2.33 公顷，两者的比例约为 19.6∶1，表明居民住宅配备一定的服务设施，来满足居民的日常需求。具体情况如图 5-21 所示。

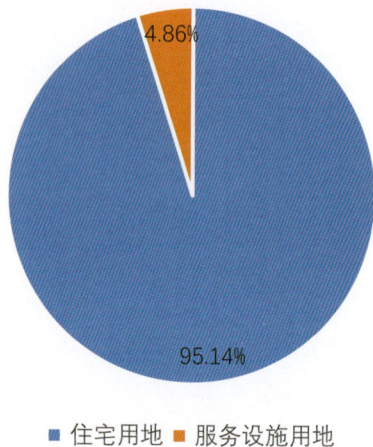

图 5-21　规划居住用地分布图

住宅用地根据住宅的实施情况可大致分为三类：第一类为原有老小区，如采荷东区、采荷人家、观音塘等，主要分布在静怡、江汀及健风社区，建设年份在 1990—2000 年左右，社区相对成熟、人口稳定，此类住宅用地面积为 24.54 公顷；第二类为回迁安置房，如和谐嘉苑、常青公寓等，主要分布在常青苑、定海和钱杭社区内，人口处于快速回迁中，此类住宅用地面积 15.38 公顷；第三类为高档住宅小区，如滨江城市之星、华润·悦府等，户型大，居住人口还较少，此类住宅用地面积为 5.68 公顷。可见，核心区住宅新老并存，原有老小区用地面积最多，以满足原住民的居住需求；其次为回迁安置房，主要为回迁安置人口居住；而高档住宅小区的用地面积大约是老小区面积的 1/4，足以满足本地和外来收入较高人口的居住需求。具体情况如图 5-22 所示。

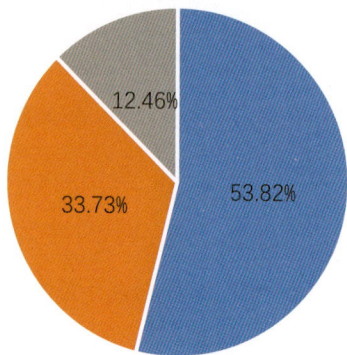

图 5-22　规划住宅用地分布图

居住用地中的服务设施用地主要包括普教设施、居住区级公共服务设施、社区级公共服务设施。其中，普教设施主要包括 4 所幼儿园，以满足居住区内幼儿的上学需求；居住区级公共服务设施涵盖居民的医疗、文化、体育、商业、养老、行政需求，主要设置社区卫生服务中心 1 处、文化活动中心 1 处、农贸市场 2 处、养老院 1 处、街道办事处 1 处、派出所 1 处、工疗站 1 处、社区服务中心 1 处；社区级公共服务设施包括社区医疗服务站 2 处、文化活动站 2 处、托老所 2 处。

5.5.2 公共管理与公共服务功能

规划公共管理与公共服务用地 42.38 公顷，占总建设用地的 10.8%。具体包括行政办公用地、文化设施用地、中小学用地、医疗卫生用地、社会福利设施用地等。具体情况如图 5-23 所示。

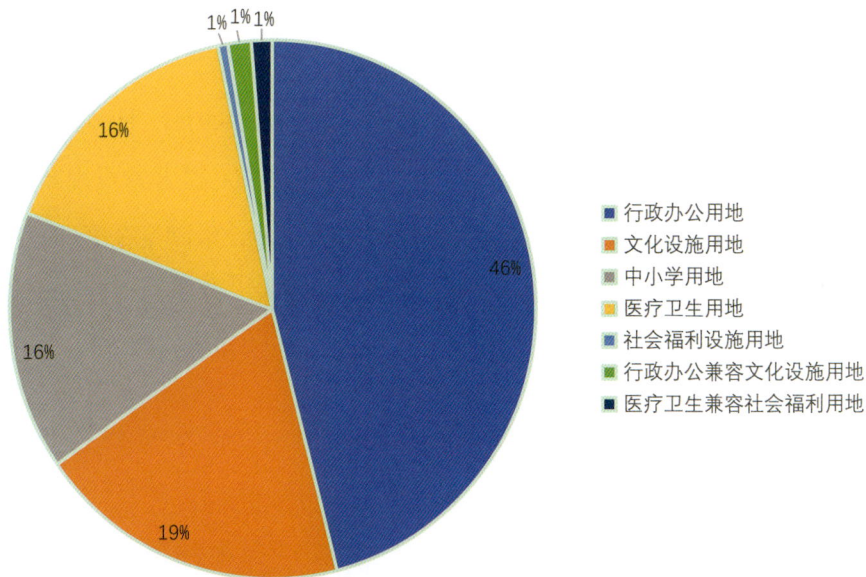

图 5-23　公共管理与公共服务用地分布图

其中，行政办公用地最多，其次是文化设施用地、医疗卫生用地和中小学用地。说明核心区充分考虑了当地居民的行政服务、文化休闲、医疗服务、子女上学需求。行政办公用地主要包括市民中心和原江干区人民政府，文化设施用地主要为国际会议中心，医疗用地为邵逸夫医院和省爱福医院，中小学用地包括 4 所小学和 2 所中学。具体情况如表 5-7 所示。

表 5-7　公共管理及服务主要设施用地情况

设施用地	设施名称	用地面积（公顷）	备注
行政办公用地	市民中心	17.47	/
	原江干区人民政府	1.5	/
文化设施用地	国际会议中心	4.8	/
医疗用地	邵逸夫医院	6.12	综合性医院
	省爱福医院	0.92	专科医院
中小学用地	采荷实验中学	1.37	民办
	四季青中学	1.73	公办
	滨江一小	0.73	公办
	国泰外国语学校（小学）	0.28	民办
	采荷三小	1	公办
	农居安置小区小学	1.34	公办

5.5.3　商业服务业功能

规划商业服务业用地 105.56 公顷，占总建设用地的 26.91%，比规划居住用地和公共管理与公共服务用地的总和还多，可见钱江新城核心区非常重视商业商务、金融贸易功能的建设，在规划时就为此提供了大量用地，以满足全区、全市、全省乃至整个长三角南翼区域的商业商务、金融贸易需求。其具体可细分为商业设施用地、商务设施用地、娱乐健康用地等。具体情况如图 5-24 所示。

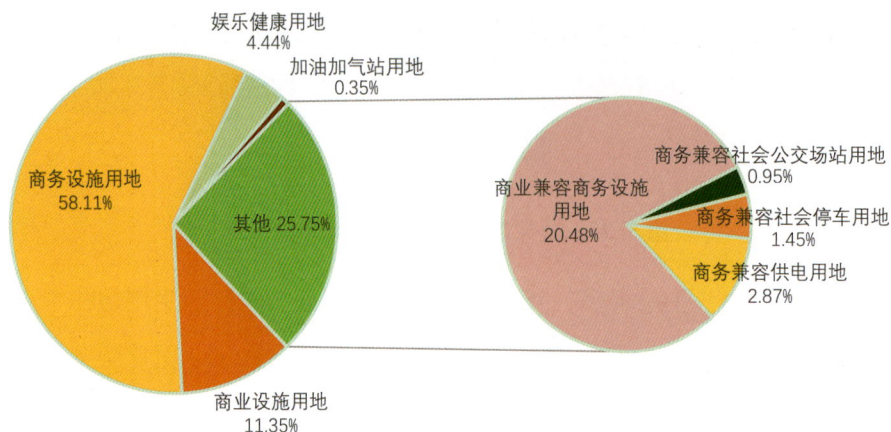

图 5-24　商业服务业用地分布图

由图 5-24 可见，商务设施用地在其中的占比最大，为居民、旅客及商务人士提供商业服务；其次是综合商业商务用地、商业设施用地，商业设施用地主要用于商务办公的写字楼设施，而综合商业商务用地可细分为四种用地，以满足地块停车、供电等配套需求。

除此之外，由于商业服务业功能是中央商务区的重中之重，所以对比前后两版核心区控规，对商业服务业用地变化进行统计分析，结果如图 5-25 所示。

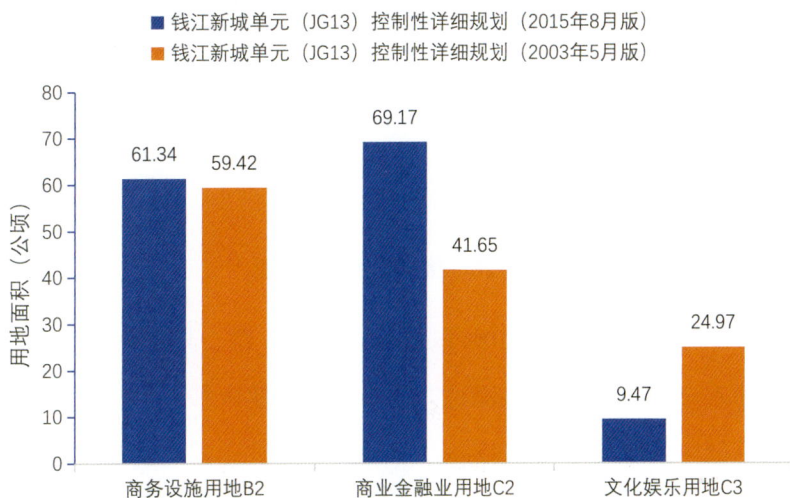

图 5-25 核心区历年控制性详细规划商业商务用地对比图

对比可以发现，商务设施规划用地增加了 1.92 公顷，商业金融业规划用地增加了 27.52 公顷，文化娱乐用地减少了 15.5 公顷，说明核心区在商业商务布局中，越来越重视核心区的商务商业、金融贸易功能，通过适当减少文化娱乐用地和其他类型用地来补充商业商务金融属性的用地。

在规划商业服务业用地上，已经建成众多大楼，并且凭借核心区的良好定位和影响力，吸引了众多企业入驻，故对楼宇的空置率进行统计分析，从而方便为空置率高的楼宇提供更加精准的招商引资依据，使区域楼宇经济效应不断发酵，帮助核心区金融商务属性不断深化。

对统计的 19 座楼宇大厦按空置率分类，得到图 5-26。

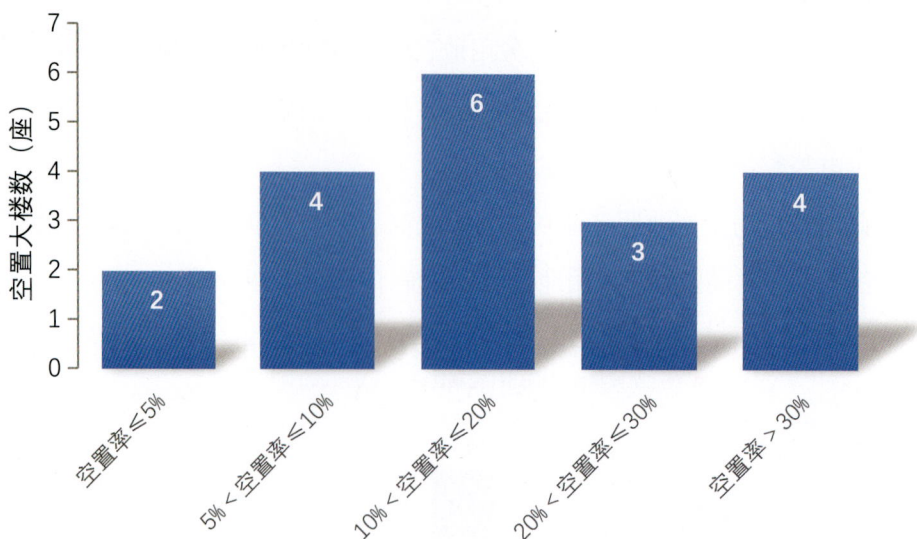

图 5-26 楼宇空置率直方图

由图 5-26 可见，空置率在 10% 以下的大楼有 6 座，其中在 5% 以下的只有 2 座；而空置率在 20% 以上的大楼高达 7 座，其中 4 座大楼的空置率高于 30%。这说明，核心区楼宇的空置率普遍较高，政府需要提供一定的扶持政策，促进楼宇招商，同时需进一步完善楼宇的配套服务，进而营造良好的商务氛围，实现中央商务区楼宇产业的快速发展和优化升级。

征地拆迁篇

- 定海社区　　Dinghai Community

- 常青苑社区　Changqingyuan Community

- 唐祝社区　　Tangzhu Community

- 三叉社区　　Sancha Community

- 五福社区　　Wufu Community

- 三堡社区　　Sanbao Community

跨入 21 世纪，杭州市委、市政府作出了城市东扩、沿江开发、决战东部战略决策，杭州加速从"西湖时代"向"钱塘江时代"迈进。钱江新城建设迎来了难得的发展机遇。经济要发展、城市要建设，加快推进大项目，加快推进城市化，都以征地拆迁为前提。征地拆迁工作直接影响杭州"决战东部"战略实施的成效、中心区建设的进程和钱江新城的跨越发展。同时，新形势要求钱江新城切实加大征地拆迁工作创新力度。征地拆迁工作，不仅表现在征地和拆迁两个环节上，更主要的是必须把民生保障工作放到重要位置。征地拆迁事关群众的切身利益，要实现和谐拆迁，让群众安心。当前，群众对于征地拆迁的利益诉求呈现多样化，这对开展征地拆迁工作提出了新的要求，尤其是要正确处理好征地拆迁与群众安居乐业两者之间的关系，既要着眼于一方发展，更要着眼于群众合法权益保障，既要坚持依法快速推进征地拆迁，又要耐心细致做好群众思想工作。为达到这样的目标，必须在工作中创新思路、创新机制、创新体系、创新方法，以新的面貌、新的动力又好又快地推进征地拆迁工作。

杭州市钱江新城征地拆迁工程包括钱江路工程、钱江苑二期工程以及钱江新城核心二期区块工程。其中，钱江路工程开始于 2002 年 10 月，从甬江路至之江东路，涉及定海社区、五福社区、三叉社区；钱江苑二期工程开始于 2006 年，涉及三堡社区、三叉社区、五福社区；钱江新城核心二期区块工程开始于 2007 年 9 月，涉及定海社区、唐祝社区、常青苑社区和三叉社区。

6.1 定海社区

定海社区共涉及 28 个征地项目，总征地面积 479.742 亩，总征地补偿金额 51747811 元，共拆除住户 961 户，拆除住户协议费 1161137536.04 元，共拆除企业 27 家，拆除企业协议费 284917828.18 元。28 个征地项目分别为杭州市钱江新城建设指挥部（灵江路）、杭州市钱江新城建设指挥部 [新业路延伸工程（钱江路—秋涛路段）]、杭州市钱江新城建设指挥部 [钱江新城江锦路延伸工程（钱江路—新塘路段）]、钱江新城景昙路（解放东路—新业路）、钱江新城新塘路（庆春路—新业路）改造工程、钱江新城核心区钱江路以西 F-07 地块配套服务用房、杭州市钱江新城建设指挥部（钱江新城核心区 F-01 地块农居拆迁安置房）、杭州市钱江新城建设指挥部（钱江新城核心区 F-10 地块农居拆迁安置房）、杭州市钱江新城建设指挥部（钱江新城核心区 F-02 地块市民公园农居拆迁安置房）、核心区块 F-04 地块配套小学、杭州市钱江新城建设指挥部（钱江新城核心区 F-08 地块农居拆迁安置房）、核心区 F-05 地块小区绿地、杭州市钱江新城建设指挥部（钱江新城 H-10-1 地块生态绿化项目）、杭州市钱江新城建设指挥部 [钱江新城（H-10-2 地块绿化项目）]、杭州市钱江新城建设指挥部 [钱江新城（H-10-3 地块绿化项目）]、杭州市钱江新城建设指挥部 [钱江新城单元（JG17）H-07 地块小区绿地]、钱江新城单元（JG17）H-09、杭州市钱江新城建设指挥部（钱江新城核心区 F-08 地块农居拆迁安置房）、杭州市钱江新城建设指挥部 [华日路（解放东路—新业路）道路工程]、杭州市钱江新城建设指挥部 [采东路延伸段（杭海路—新塘路）道路工程]、钱江新城单元（JG17）H 区块（金融城）规划支路（秋涛路—中央公园路）道路工程、杭州市钱江新城建设指挥部 [江干渠（新业路—中央公园路）河道综合整治及两岸绿化工程]、钱江新城单元 H-B1/B2-07 地块、钱江新城单元 JG1307-

21 地块（原钱江新城核心区 G-05 地块）、钱江新城单元 JG1307-27 地块（原钱江新城核心区 G-04 地块）、钱江新城单元 JG1307-26 地块（原钱江新城核心区 G-01 地块）、钱江新城 JG1306-08 地块和钱江新城单元 G1308-10 地块（原 JG17H-B1B2-02 地块）。汇总如表 6-1 所示。

表 6-1　钱江新城定海社区征地拆迁汇总表

项目名称	征地面积（亩）	征地补偿金额（元）	备注
杭州市钱江新城建设指挥部（灵江路）	4.088	654080	12
杭州市钱江新城建设指挥部 [新业路延伸工程（钱江路—秋涛路段）]	8.294	899635	284
杭州市钱江新城建设指挥部 [钱江新城江锦路延伸工程（钱江路—新塘路段）]	15.075	1086908	865
钱江新城景昙路（解放东路—新业路）	7.977	731516	32-1
钱江新城新塘路（庆春路—新业路）改造工程	11.543	1153500	
钱江新城核心区钱江路以西 F-07 地块配套服务用房	7.881	789728	25-1
杭州市钱江新城建设指挥部（钱江新城核心区 F-01 地块农居拆迁安置房）	4.134	495177	182
杭州市钱江新城建设指挥部（钱江新城核心区 F-10 地块农居拆迁安置房）	31.484	3175506	386
杭州市钱江新城建设指挥部（钱江新城核心区 F-02 地块市民公园农居拆迁安置房）	78.648	8264010	183
核心区块 F-04 地块配套小学	17.907	1644453	24-1
杭州市钱江新城建设指挥部（钱江新城核心区 F-08 地块农居拆迁安置房）	51.446	5000296	385
核心区 F-05 地块小区绿地	5.31	543708	28-1
杭州市钱江新城建设指挥部（钱江新城 H-10-1 地块生态绿化项目）	121.519	14714452	285
杭州市钱江新城建设指挥部 [钱江新城（H-10-2 地块绿化项目）]	17.973	2654436	279
杭州市钱江新城建设指挥部 [钱江新城（H-10-3 地块绿化项目）]	4.65	615974	280
杭州市钱江新城建设指挥部 [钱江新城单元（JG17）H-07 地块小区绿地]	3.378	363010	201
钱江新城单元（JG17）H-09	0.677	104021	30-1
杭州市钱江新城建设指挥部（钱江新城核心区 F-08 地块农居拆迁安置房）	11.294	1052646	

项目名称	征地面积（亩）	征地补偿金额（元）	备注
杭州市钱江新城建设指挥部 [华日路（解放东路—新业路）道路工程]	0.327	88290	1046
杭州市钱江新城建设指挥部 [采东路延伸段（杭海路—新塘路）道路工程]	0.6345	171315	1048
钱江新城单元（JG17）H 区块（金融城）规划支路（秋涛路—中公园路）道路工程	0.4515	121905	1056
杭州市钱江新城建设指挥部 [江干渠（新业路—中央公园路）河道综合整治及两岸绿化工程]	3.3045	892215	1059
钱江新城单元 H-B1/B2-07 地块	0.525	141750	
钱江新城单元 JG1307-21 地块（原钱江新城核心区 G-05 地块）	35.553	1717200	
钱江新城单元 JG1307-27 地块（原钱江新城核心区 G-04 地块）	11.9565	332505	
钱江新城单元 JG1307-26 地块（原钱江新城核心区 G-01 地块）	0.5265	142155	
钱江新城 JG1306-08 地块	21.627	3776625	
钱江新城单元 G1308-10 地块（原 JG17H-B1B2-02 地块）	1.5585	420795	
合　计	479.742	51747811	

6.2 常青苑社区

常青苑社区共涉及 14 个征地项目，总征地面积 49.109 亩，总征地补偿金额 5703859.95 元，共拆除住户 248 户，拆除住户协议费 232759347.00 元。14 个征地项目分别为新业路延伸工程、钱江新城江锦路延伸工程（钱江路—新塘路段）、钱江新城核心 H-10-1 地块、钱江新城单元（JG17）H-01 地块、钱江新城单元（JG17）H-03 地块、钱江新城单元（JG17）H-04 地块、钱江新城单元（JG17）H-09 地块、钱江新城核心区 J-03-2 和 J-04 地块农转居、钱江新城单元（JG17）J-01 地块、钱江新城核心区 J-03-1 地块幼儿园、华日路（解放东路—新业路）道路工程、钱江新城单元（JG17）H 区块（金融城）规划支路（秋涛路—中央公园路）道路工程、江干渠（新业路—中央公园路）河道综合整治及两岸绿化工程和钱江新城单元 JG1308-06 地块（原 JG17H-B1B2-12 地块）。汇总如表 6-2 所示。

表 6-2　钱江新城常青苑社区征地拆迁汇总表

项目名称	征地面积（亩）	征地补偿金额（元）
新业路延伸工程	0.485	77520
钱江新城江锦路延伸工程（钱江路—新塘路段）	2.198	229639
钱江新城核心 H-10-1 地块	6.222	695561
钱江新城单元（JG17）H-01 地块	2.889	462240
钱江新城单元（JG17）H-03 地块	5.551	432830.1
钱江新城单元（JG17）H-04 地块	6.024	445142.1
钱江新城单元（JG17）H-09 地块	0.507	77823.75
钱江新城核心区 J-03-2、J-04 地块农转居	16.14	1163694
钱江新城单元（JG17）J-01 地块	3.024	665280
钱江新城核心区 J-03-1 地块幼儿园	3.69	811800

续表

项目名称	征地面积（亩）	征地补偿金额（元）
华日路（解放东路—新业路）道路工程	0.2235	60345
钱江新城单元（JG17）H区块（金融城）规划支路（秋涛路—中央公园路）道路工程	0.087	23490
江干渠（新业路—中央公园路）河道综合整治及两岸绿化工程	1.7235	465345
钱江新城单元 JG1308-06 地块（原 JG17H-B1B2-12 地块）	0.345	93150
合　计	49.109	5703859.95

6.3 唐祝社区

　　唐祝社区共涉及 5 个征地项目，总征地面积 11.93 亩，总征地补偿金额 1711203 元，共拆除住户 62 户，拆除住户协议费 84263677.40 元。5 个征地项目分别为钱江新城核心 H-10-1 地块、钱江新城单元（JG17）H-07 地块、钱江新城单元 H-B1/B2-07 地块、钱江新城单元 G1308-10 地块（原 JG17H-B1B2-02 地块）和钱江新城单元（JG17）H 区块（金融城）规划支路（秋涛路—中央公园路）道路工程。汇总如表 6-3 所示。

表 6-3　钱江新城唐祝社区征地拆迁汇总表

项目名称	征地面积（亩）	征地补偿金额（元）
钱江新城核心 H-10-1 地块	7.473	538803
钱江新城单元（JG17）H-07 地块	0.281	44880
钱江新城单元 H-B1/B2-07 地块	2.7345	738315
钱江新城单元 G1308-10 地块（原 JG17H-B1B2-02 地块）	1.023	276210
钱江新城单元（JG17）H 区块（金融城）规划支路（秋涛路—中央公园路）道路工程	0.4185	112995
合　　计	11.93	1711203

6.4　三叉社区

三叉社区共涉及 12 个征地项目，总征地面积 801.7085 亩，总征地补偿金额 120035377.9 元，共拆除住户 318 户，拆除住户协议费 396699884.66 元。12 个征地项目分别为钱江新城江滨一号区块、钱江新城江滨二号区块、钱江新城五号区块、浙江省钱江新城建设指挥部（钱江苑）、钱江新城新开河工程、杭州市钱江新城建设指挥部（钱江苑五福路道路工程）、庆春路越江工程、杭州市钱江新城建设指挥部（钱江新城核心区块配套幼儿园）、新塘路 (庆春路—新业路) 改造、钱江新城核心区钱江路以西 F-01 地块农居拆迁安置房、杭州市钱江新城建设指挥部（钱江新城核心区 F-02 地块市民公园农居拆迁安置房）和杭州市钱江新城建设指挥部（钱江新城钱江苑二期二号支路）。汇总如表 6-4 所示。

表 6-4　钱江新城三叉社区征地拆迁汇总表

项目名称	征地面积（亩）	征地补偿金额（元）
钱江新城江滨一号区块	100.895	16143200
钱江新城江滨二号区块	220.587	35293920
钱江新城五号区块	360.585	57693600
浙江省钱江新城建设指挥部（钱江苑）	78.078	6732480.9
钱江新城新开河工程	1.101	79382
杭州市钱江新城建设指挥部（钱江苑五福路道路工程）	1.149	183840
庆春路越江工程	0.219	26280
杭州市钱江新城建设指挥部（钱江新城核心区块配套幼儿园）	1.379	220560
新塘路（庆春路—新业路）改造	2.642	422640
钱江新城核心区钱江路以西 F-01 地块农居拆迁安置房	34.451	3130605

续表

项目名称	征地面积（亩）	征地补偿金额（元）
杭州市钱江新城建设指挥部（钱江新城核心区 F-02 地块市民公园农居拆迁安置房）	0.468	74880
杭州市钱江新城建设指挥部（钱江新城钱江苑二期二号支路）	0.1545	33990
合　计	801.7085	120035377.9

6.5　五福社区

　　五福社区共涉及 20 个征地项目，总征地面积 183.1985 亩，总征地补偿金额 42946349.4 元，共拆除住户 320 户，拆除住户协议费 180641466.17 元，拆除企业 34 家，拆除企业协议费 130350341.12 元。20 个征地项目分别为钱江苑配套小学、钱江苑三新路（凤起路—钱江路）、钱江苑五福路道路、钱江苑唐家井路、杭州市钱江新城建设指挥部（钱江苑二期一号支路工程）、杭州市钱江新城建设指挥部（钱江苑二期四号支路工程）、杭州市钱江新城建设指挥部 [钱江新城三新路（凤起路—东农大路）道路工程]、钱江新城配套农贸市场、钱江新城钱江苑地下停车库、杭州市钱江新城建设指挥部（钱江苑二期三号支路）、杭州市钱江新城建设指挥部（钱江新城钱江苑街头绿地工程）、杭州市钱江新城建设指挥部（钱江新城钱江苑二期二号支路）、景芳单元 FG03-C2-05 地块政府储备土地出让前期准备项目、杭州市钱江新城建设指挥部 [钱江苑小区支路（太平门直街—四号支路）道路]、杭州市土地储备中心及杭州市钱江新城建设管理委员会（景芳三堡单元 JG1203-11 地块）、杭州市土地储备中心、杭州市钱江新城建设管理委员会（凯旋单元 FG20-R21-14 地块）、杭州市土地储备中心及杭州市钱江新城建设管理委员会（景芳三堡单元 JG1202-24 地块）、景芳三堡单元 JG1202-29 地块、景芳单元 FG02-R24-05 地块小区绿地和杭州市钱江新城建设指挥部 [景芳单元 FG-S2-01 地块（现景芳三堡单元 JG1202-G3/S42-35 地块）广场及地下社会停车库]。汇总如表 6-5 所示。

表 6-5　钱江新城五福社区征地拆迁汇总表

项目名称	征地面积（亩）	征地补偿金额（元）
钱江苑配套小学	25.928	3663719.4
钱江苑三新路（凤起路—钱江路）	0.849	61213
钱江苑五福路道路	0.18	12978
钱江苑唐家井路	0.059	4217
杭州市钱江新城建设指挥部（钱江苑二期一号支路工程）	5.006	481672
杭州市钱江新城建设指挥部（钱江苑二期四号支路工程）	7.149	668785
杭州市钱江新城建设指挥部［钱江新城三新路（凤起路—东农大路）道路工程］	1.113	178080
钱江新城配套农贸市场	3.557	782540
钱江新城钱江苑地下停车库	4.515	993300
杭州市钱江新城建设指挥部（钱江苑二期三号支路）	1.433	315260
杭州市钱江新城建设指挥部（钱江新城钱江苑街头绿地工程）	1.622	421590
杭州市钱江新城建设指挥部（钱江新城钱江苑二期二号支路）	0.686	150810
景芳单元 FG03-C2-05 地块政府储备土地出让前期准备项目	26.2575	6826950
杭州市钱江新城建设指挥部［钱江苑小区支路（太平门直街—四号支路）道路］	0.4455	115830
杭州市土地储备中心和杭州市钱江新城建设管理委员会（景芳三堡单元 JG1203-11 地块）	26.382	7123140
杭州市土地储备中心和杭州市钱江新城建设管理委员会（凯旋单元 FG20-R21-14 地块）	20.298	5480460
杭州市土地储备中心和杭州市钱江新城建设管理委员会（景芳三堡单元 JG1202-24 地块）	15.312	4134240
景芳三堡单元 JG1202-29 地块	34.5945	9340515
景芳单元 FG02-R24-05 地块小区绿地	3.906	1054620
杭州市钱江新城建设指挥部［景芳单元 FG-S2-01 地块（现景芳三堡单元 JG1202-G3/S42-35 地块）广场及地下社会停车库］	3.906	1136430
合　　计	183.1985	42946349.4

6.6 三堡社区

三堡社区共涉及 72 个征地项目，总征地面积 1127.5175 亩，总征地补偿金额 229717154 元，共拆除住户 219 户，拆除住户协议费 56717336.16 元。72 个征地项目分别为市级机关三堡经济适用房，四季青镇机电管理站，四季青镇环卫站，四季青电气设备安装有限公司维修管理用房，三堡社区多层农居，水湘村多层农居，三堡村新建多层农居，钱江苑太平门直街（新塘路—三新路），东方家园建材超市，杭州德华工贸有限公司，五福村农转居多层公寓，水湘区块新苑路，运河沿线拆迁安置房，钱江苑项目，钱江路（甬江路—之江路），运河东路（艮山西路—杭海路），凤起路（三新路—车站南路），三堡股份经济合作社商业用房，车站南路（站前环路—杭海路），钱江苑三新路（凤起路—钱江路），昙花庵路（新塘路—车站南路），御道路及其北侧 24 米规划道路，凤起东路（秋涛路—三新路），三新路（艮山路—东农大路），钱江新城新开河工程，二号港（艮山东路—新开河）综合整治，三堡单元 U10-01 地块市政设施，三堡单元（JG14）R24-06、G12-11 地块绿化，三堡单元 R21-13 地块，三堡单元 R21-14 地块，三堡单元 R21-15 地块，三堡单元 C2-02 地块，三堡单元 C2-04 地块，三堡单元 C1/C2-02 地块，景芳单元 FG03-C2/C3-01 地块，景芳单元 FG02-C2-04 地块，南排三堡排涝站，三堡单元 JG14-C1/C2-01 地块，新开河（运河西路以东段）整治，三堡单元 R22-04 地块 36 班小学，章家坝经济联合社商业用房，三堡单元 C1/C2-03 地块，三堡单元 R21-05 地块，三堡单元 U21-01 地块公交首末站，景芳单元（JG13）FG03-G12-21、22、27 地块街头绿地，三堡单元 U41-02 地块沉沙池工程，三堡单元 U21-03 地块公交首末站，三堡单元规划六号路（含绿地）工程，三堡单元二号港改造工程（含绿化），三堡单元（JG14）G22-07 地块防护绿地，三堡单元（JG14）G12-28、G12-31、G12-32 地块街头绿地、三堡单元（JG14）G12-26、G12-35 地块街头绿地，景芳单元太平门直街（三新路—运河西路），三堡单元 R21-06 地块政府土地出让前期准备项目，景芳单元（JG13）FG02-G12-06 地块（景芳路—凤起路）街头绿地，三堡单元 R22-05 地块幼儿园，景芳单元 FG02-R22-05 地块 30 班小学，景芳单元（JG13）FG03-G12-23 地块街头绿地，景芳单元运河西路（钱江路—昙花庵路）改建，三堡单元（JG14）R24-02、G12-46、G12-47 地块绿化，钱江苑小区支路（三堡路）道路工程，钱江路延伸线（三新路—车站南路）工程，三堡单元规划支路十（暂名）（二号港南侧绿化带—钱江路），景芳单元 FG03-C2-05 地块政府储备土地出让前期准备项目，三堡单元 U29-02 地块政府储备土地出让前期准备项目，三堡单元 R21-05 地块政府储备土地建设，三堡单元 R21-07 地块建设项目，三堡单元 G12-18、G12-51 地块街头绿地，三堡单元规划支路三(昙花庵路—严家弄路)，三堡单元规划支路四(运河规划绿化带—车站南路)，景芳路（三新路—运河西路）和钱江新城三新路（凤起东路—景芳路）。汇总如表 6-6 所示。

表 6-6　钱江新城三堡社区征地拆迁汇总表

项目名称	征地面积（亩）	征地补偿金额（元）
市级机关三堡经济适用房	180.582	25964160
四季青镇机电管理站	5.312	838440
四季青镇环卫站	4.156	665040
四季青电气设备安装有限公司维修管理用房	2.939	470160
三堡社区多层农居	41.88	5659260
水湘村多层农居	0.258	30960
三堡村新建多层农居	2.909	442080
钱江苑太平门直街（新塘路—三新路）	0.413	37652
东方家园建材超市	84.298	12299985
杭州德华工贸有限公司	7.229	867420
五福村农转居多层公寓	0.441	52920
水湘区块新苑路	0.311	68420
运河沿线拆迁安置房	0.143	31460

续表

项目名称	征地面积（亩）	征地补偿金额（元）
钱江苑项目	46.82	6090777.2
钱江路（甬江路—之江路）	12.475	899447.5
运河东路（艮山西路—杭海路）	14.486	2137065
凤起路（三新路—车站南路）	30.888	3795120
三堡股份经济合作社商业用房	27.483	6046260
车站南路（站前环路—杭海路）	0.848	101700
钱江苑三新路（凤起路—钱江路）	19.05	2495812
昙花庵路（新塘路—车站南路）	9.395	1228320
御道路及其北侧 24 米规划道路	17.927	2304660
凤起东路（秋涛路—三新路）	3.993	462860.25
三新路（艮山路—东农大路）	4.614	588525
钱江新城新开河工程	0.455	72720
二号港（艮山东路—新开河）综合整治	8.609	1051500
三堡单元 U10-01 地块市政设施	3.071	675510
三堡单元（JG14）R24-06、G12-11 地块绿化	5.712	1256640
三堡单元 R21-13 地块	7.067	1837290
三堡单元 R21-14 地块	35.079	9120540
三堡单元 R21-15 地块	55.968	14551680
三堡单元 C2-02 地块	39.978	10394280
三堡单元 C2-04 地块	17.919	4658940
三堡单元 C1/C2-02 地块	7.545	1961700
景芳单元 FG03-C2/C3-01 地块	65.1735	16945110
景芳单元 FG02-C2-04 地块	16.404	4265040
南排三堡排涝站	26.634	6924840
三堡单元 JG14-C1/C2-01 地块	3.137	690140
新开河（运河西路以东段）整治	8.274	1820280
三堡单元 R22-04 地块 36 班小学	1.884	414480
章家坝经济联合社商业用房	0.491	127530
三堡单元 C1/C2-03 地块	14.234	3700710
三堡单元 R21-05 地块	35.895	9332700
三堡单元 U21-01 地块公交首末站	4.526	1176630

续表

项目名称	征地面积（亩）	征地补偿金额（元）
景芳单元（JG13）FG03-G12-21、22、27 地块街头绿地	18.095	4704570
三堡单元 U41-02 地块沉沙池工程	11.807	3069690
三堡单元（U21-03）地块公交首末站	2.94	764400
三堡单元规划六号路（含绿地）工程	4.574	1189110
三堡单元二号港改造工程（含绿化）	33.179	8626410
三堡单元（JG14）G22-07 地块防护绿地	2.621	681330
三堡单元（JG14）G12-28、G12-31、G12-32 地块街头绿地	0.455	118170
三堡单元（JG14）G12-26、G12-35 地块街头绿地	11.78	3062670
景芳单元太平门直街（三新路—运河西路）	2.903	754650
三堡单元 R21-06 地块政府土地出让前期准备项目	34.533	8978580
景芳单元（JG13）FG02-G12-06 地块（景芳路—凤起路）街头绿地	1.7	441870
三堡单元 R22-05 地块幼儿园	0.621	161460
景芳单元 FG02-R22-05 地块 30 班小学	7.005	1821300
景芳单元（JG13）FG03-G12-23 地块街头绿地	14.222	3697590
景芳单元运河西路（钱江路—昙花庵路）改建	2.675	695370
三堡单元（JG14）R24-02、G12-46、G12-47 地块绿化	60.465	15720900
钱江苑小区支路（三堡路）道路工程	0.4905	127530
钱江路延伸线（三新路—车站南路）工程	16.656	4330560
三堡单元规划支路十（暂名）（二号港南侧绿化带—钱江路）	1.1025	286650
景芳单元 FG03-C2-05 地块政府储备土地出让前期准备项目	0.837	217620
三堡单元 U29-02 地块政府储备土地出让前期准备项目	2.0505	533130
三堡单元 R21-05 地块政府储备土地建设	1.5915	413790
三堡单元 R21-07 地块建设项目	10.047	2612220
三堡单元 G12-18、G12-51 地块街头绿地	1.0965	285090
三堡单元规划支路三（昙花庵路—严家弄路）	4.0335	1048710
三堡单元规划支路四（运河规划绿化带—车站南路）	2.403	624780
景芳路（三新路—运河西路）	0.459	119340
钱江新城三新路（凤起东路—景芳路）	0.27	72900
合　计	1127.5175	229717154

地下空间篇

7.1 地下空间概述

人类社会对城市地下空间的开发，迄今已经走过了 100 多年的历史，而中国对城市地下空间的开发起步较晚，城市地下空间的规划理论还不够系统和完善，相应的实践也不多，因此，要使地下空间的规划更合理、更先进，还需要做很多的工作。从 21 世纪初开始，地下空间的开发利用成为中国城市建设的重点已成必然趋势，钱江新城牢牢把握住这次机遇，在地面建设的同时，开始地下空间的谋篇布局。

2000 年，钱江新城明确了空间总体发展框架；2003 年，明确了地下空间结构与空中连廊设置要求；2005 年，明确了从地面、地上、地下全方面建设需求，提出了"十字轴带，网络成片"的框架结构，形成了地面为主、地下和空中为辅的立体步行系统。同时继续坚持以波浪文化城和市民中心构成地下主中心，江锦路和解放东路附近地块为副中心，富春路购物走廊为连接纽带的集商业、文化、停车等多功能为一体的空间系统。

开发建设需要坚持以下原则：

1. 开发与保护相结合原则

将核心区地下空间作为城市的一种重要资源，核心区地下空间坚持保护性开发，为城市以后地下空间留有余地。将核心区绿核、楔形绿地等有效地加以保护，对中轴线、富春江路等地块尽量一次开发到位。

2. 地上与地下相协调原则

将地上空间和地下空间作为一个整体，充分发挥地上空间和地下空间各自的优势，共同为营造城市环境、增强城市功能服务。在核心区交通、商业、文化、办公休闲等设施的规划中，将地面空间和地下空间有机地结合起来。

3. 远期和近期相结合原则

核心区地下空间开发是一项长期性的任务，其开发的不可逆性需要远期规划，有很强的前瞻性，但其与城市建设的关系紧密，需要有较强的近期可操作性。因此，必须充分考虑规划远期与近期的相呼应，最终实现地下空间合理的形态和开发强度。

4. 专业和综合相兼顾

地下空间规划往往按专业分别进行，缺乏协调和制约，造成地下空间资源的浪费。核心区地下空间规划充分考虑各专业的综合和协调，对交通系统（如地铁、地下快速干道、地下停车）进行综合考虑，设置"共同沟"对市政府管线进行综合开发，适当兼顾防灾的要求，使地下空间为城市的防灾服务。

7.2 核心区地下空间

规划范围

东起钱塘江，南至清江路，西临秋清路，北至庆春东路，总规划4.02平方千米，如图7-1所示。

图 7-1 核心区地下空间规划范围图

规划目标

引导开发，结合布局，以地铁站为枢纽，以广场、绿地、大型公共建筑的地下空间为节点，以地下步行系统为纽带，使地下空间各种功能相互兼容。通过合理开发利用地下空间，协调地上与地下、地下与地下建设的活动，达到缓解城市交通压力、改善城市环境、提高城市抗灾救灾的综合防护能力、完善城市空间结构的目的，实现城市经济发展总体目标。

规划建设

现状地下空间开发多为满足建设项目配建地下停车场和人防工程，钱江路以东沿江商业金融业地块地下一层考虑设置商业功能。单元现状有地下空间利用的单位有 67 家，已建在建地下空间合计约 271.9 万平方米，现状已建地铁站点地下空间 21 万平方米，总地下建筑面积合计 292.9 万平方米。地下空间规划需求合计 41 万平方米。详见表 7-1。

表 7-1　地下空间开发利用表

单位类型	序号	项目名称	地下空间建筑面积（平方米）
现状已建	1	采荷人家	6770
	2	航海路综合办公楼	2347.7
	3	健风大厦	788
	4	大剧院	10461
	5	市民中心	215010
	6	国际会议中心	46030
	7	圣奥办公	12627
	8	邵逸夫医院	2242
	9	集美房产地块	20145
	10	长途第二电信枢纽大楼（现状与扩建）	5780
	11	华成办公	13295
	12	航达集团	24035
	13	国际时代广场	47486
	14	华润万象城	110517
	15	静怡花苑	3930
	16	财富金融中心	44180
	17	浙欧·尊宝大厦	43889
	18	西子联合大厦	10405
	19	荣安集团地块	8372
	20	华日科技	3905
	21	华日科技	3545
	22	采荷人家二期 (R21)	8302
	23	采荷人家二期（C2）	
	24	白蚁防治研究所	378
	25	华润·悦府	40279
	26	迪凯投资	14992

续表

单位类型	序号	项目名称	地下空间建筑面积（平方米）
现状已建	27	日出钱塘	13880
	28	蓝鲸国际	14263.9
	29	城市阳台、副阳台	57300
	30	波浪文化城	108325
	31	万银国际	24581
	32	滨江城市之星	82081.3
	33	农居安置用地（F-02）	35612
	34	农居安置用地（F-01）	24071
	35	农居安置（F-08/10）	59260
	36	农居安置（J-98/04）	13352.25
	37	浙江金基	107767
	38	华联国际公馆	21729
	39	电力局	26657.4
	40	亚包中心	62087
	41	中华航空大厦	36731
	42	世纪中天	13248
	43	东杭控股	12199
	44	浙江光彩国际写字楼	32070
	45	迪凯银座	24467
	46	中国移动	22605.6
	47	华凯房产	19390
	48	来福士广场	109364
	49	利有房产	23661.6
	50	高德置地	101128
	51	华锋中心	21813.6
	52	迪凯金座	30453
	53	华联钱江时代广场	26482
	54	迪尚投资	13235
	55	万银国际二期	47446
	56	工商银行大楼、浙商金融大厦、华融金融／浙江新华期货	82397
	57	东方君悦	31128

续表

单位类型	序号	项目名称	地下空间建筑面积（平方米）
现状已建	58	华润集团地块（E-08）	136557
	59	浙江国贸总部大楼	47222
	60	杭州平安金融中心	90525
	61	中国人寿杭州中心	138740
	62	民林大厦［杭政储（2013）35 号地块］	59752
	63	新意法大楼	21548
新实施单位（在建）	64	杭州太平金融中心	57100
	65	杭州国际中心	116034
	66	杭州银行总部大楼	29427
	67	红狮水泥大厦	23200
已建在建地下空间（不含地铁）小计			2718601
现状已建地铁站点地下空间（不含轨道交通隧道区间）			210000
已建在建地下空间合计			2928601
地下空间规划需求量	公共绿地（主要为市民公园地下空间）		340000
	公共管理与公共服务设施用地（含人防）		20000
	商业服务业设施用地（含人防）		50000
	小　计		410000
已建在建加规划合计			3338601

布局结构

1. 平面布局

城市地下空间开发利用的形态是指能与城市发展的总体形态相协调，由地下空间开发利用的发展轴、点、线、面（体）所构成的空间网络体系。综合考虑单元范围内规划有建筑基地地下空间和无建筑基地地下空间及现状地下空间，进行地下空间平面布局，形成"十字轴带、网络成片"的地下空间结构。

"十字轴带"：依托轨道交通 2、4、7、9 号线，形成沿富春路、波浪文化城—金融城城市轴线的地下空间建设主骨架，轴带上及相邻地块的地下空间开发，强调联通。

"网络成片"：依托十字轴带的其他相邻地块，地下空间开发采用街区内部建立主通道对接的形式，如利用地下过街通道、地下车库联通道与主骨架进行沟通，最终形成地下空间网络连接。

2. 竖向层次

分层开发是将地下空间作为一种资源进行可持续开发利用的体现，是开发与保护规划原则的具体表现形式。

根据钱江新城单元的地质条件分析，地下建筑不宜超过三层。规划界定钱江新城单元地下空间竖向开发 0 米—地下 10 米内为浅层，为重点开发区域，主要用于地下商业、餐饮、文化娱乐、商业步行街、停车场、高层建筑附属设施及防空地下室、城市水、电、气、通信等"共同沟"的市政公用设施；中层（地下 10 米—地下 30 米）主要用于地下轨道交通、结合地下轨道交通布置的商业娱乐设施；深层（地下 30 米以下）基本不作开发，应保护控制。

地下交通设施

轨道交通：单元内有地铁 2 号线、4 号线、7 号线、9 号线 4 条线路的 6 个站点。

其中沿庆春东路绿带布置 1 个 2、4、9 号线换乘站点（钱江路站），沿解放东路富春路设置 4、7 号线换乘站点（市民中心南站），沿解放东路秋涛路设置 7、9 号线换乘站点（解放东路站），沿富春路设置 4 号线站点（城星路站、江锦路站），沿钱江路设置 9 号线站点（市民中心西站）。轨道交通分布如图 7-2 所示。

图 7-2　轨道交通分布图

地下人行过街道：规划结合地铁建设，在地铁站点周围人流车流密集区重点设置地下人行过街通道。地下人行过街道分布如图7-3所示。

图7-3　地下人行过街道分布图

地下社会停车场：主要以解决现状停车问题和为重点停车需求区域的社会停车提供服务为原则，主要利用地铁上盖物业、城市公园绿地、广场、学校操场、小区公园等，尽可能多地安排地下社会停车场，以缓解重点需求区域社会停车资源的紧缺问题。

地下社会停车场分布如图7-4所示。

图7-4　地下社会停车场分布图

防空防灾规划

城市地下空间对多种灾害都具有较强的防护能力，特别是对战争灾害、气象灾害、地质灾害、环境灾害、城市行为过失灾害具有特别强的防护能力。地下空间规划运用城市防空和城市防灾在预警、应急反应、救灾、物质贮备及抢险救灾等方面的相似性，将二者有机结合，以实现信息互通、资源共享。防空防灾规划如图 7-5 所示。

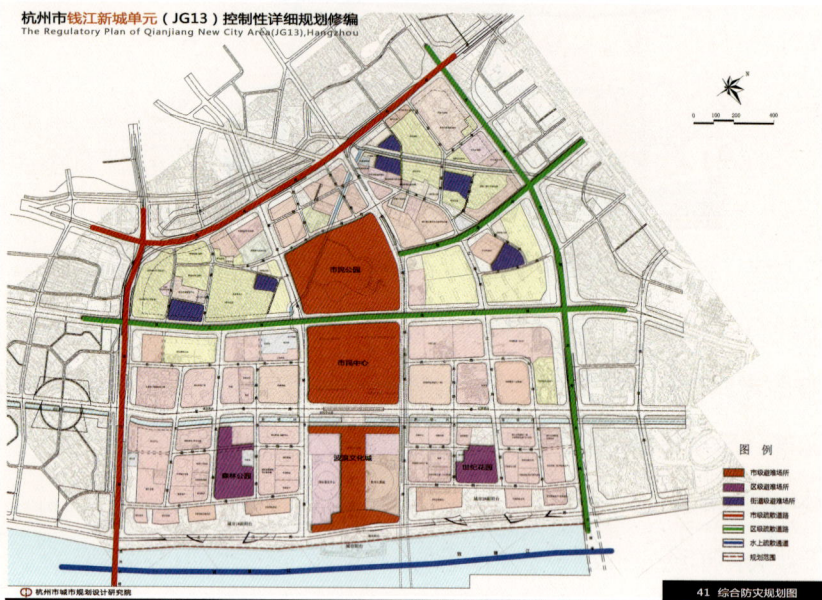

图 7-5 防空防灾规划图

7.3 公共空间立体步行系统

构建背景

在国外城市把创造以人为本的步行环境作为城市中心复苏的重要手段之一，特别注重中心区步行空间塑造的今天，我国则面临着大经济发展背景下城市快速交通工具的迅速发展和汽车时代的到来。汽车正逐渐逼近并越来越深刻地影响着我们的生活，而最古老、最基本、独立的交通方式——步行，其空间也正逐步被机动车道所占据，人行道变得越来越窄，步行环境越来越恶劣。

钱江新城核心区块是杭州市未来的城市新中心，行政、办公、商业、文化等各类设施汇集，并将吸引 20 余万就业岗位，如此大规模、高密度开发的地区，大量的机动车交通将不可避免，而实际上规划的核心区块道路通行能力有限，需要私人小汽车、轨道交通、常规公交、自行车和步行等多种交通方式相混合。因此，在处理好步行与其他交通方式之间的转换关系的同时，为步行者提供一个安全、舒适、连续的步行环境和空间显得尤为重要。

建设情况评估

从 2000 年起，逐渐形成了现在的以地面为主，地下通道和空中连廊为辅的立体步行系统。通过挖掘利用地下空间资源，引导提升交通组织效率，从而提高空间复合利用。目前研究范围内规划地下通道 50 条（如表 7-2 所示），规划空中连廊 34 条（如表 7-3 所示）。

1. 地下通道评估

地下通道建设和使用情况：规划步行通道 23 条，车行通道 25 条，整体建设比例达 68.7%，使用率为 16.7%。地下通道建设和使用情况如图 7-6 所示。

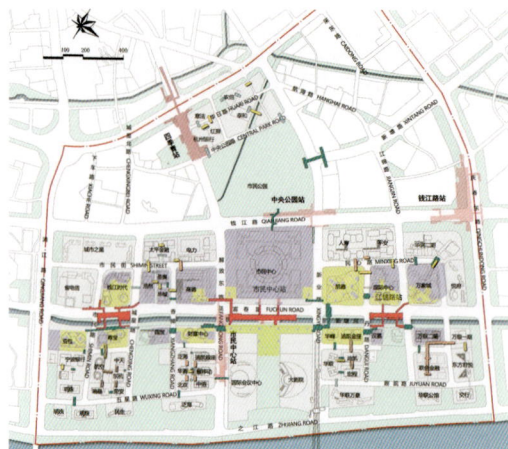

图 7-6　地下通道建设和使用情况图

2. 空中连廊评估

空中连廊建设和使用情况：规划空中连廊 34 条，已经建成 14 条，建成率为 41.2%。空中连廊建设和使用情况如图 7-7 所示。

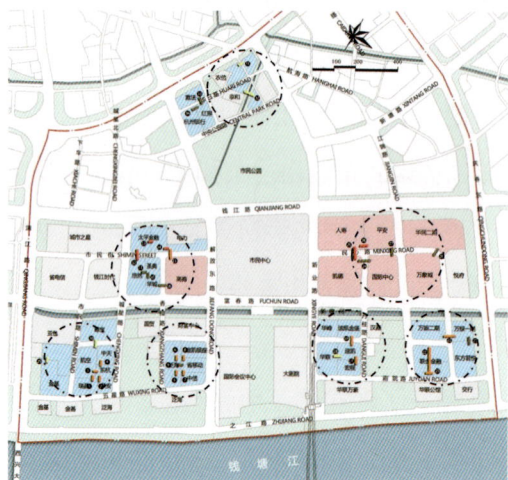

图 7-7　空中连廊建设和使用情况图

提升方案

1. 打造节点

围绕交通、功能、景观三大要素进行布局。针对交通要素，打造多功能、有活力、衔接良好、面向所有人的地铁站，具体包括四季青站、中央公园站、城星路站、市民公园站、江锦路站、庆春路站、市民中心站；针对功能要素，打造多元、充满活力、具有集聚效应的地下商城，具体包括来福士、万象城、高德置地和国际中心；针对景观要素，分别打造公园地下空间和具有转换、竖向、复合功能的下沉广场。

2. 挖掘地下潜力资源

分别从道路地下空间和已建地块地下空间出发，挖掘潜在资源。针对道路地下空间受到地下隧道、地铁建设的影响，可供利用且有较高价值的地下空间有限，如城园路等。至于已建地块地下空间，可以对其功能进行调整；还可以对未开发地块进行开发利用。

慢行系统结构

"二轴串九心，一线连多点"，在既有十字轴的基础上，从未来发展角度，组织钱江新城核心区的慢行网络（如图 7-8 所示）。

"二轴"：提升核心区十字轴地下空间，对沿线功能进行调整，打造活力轴线。

"九心"：以六个地铁站点和三个公园节点为核心向外扩展。

"一线"：十字轴沿线形成可达性高、便于各类活动进行的步行流线；街区形成便于内部交流沟通的网络。

"多点"：以下沉广场为核心组织街区内地下空间。

图 7-8　慢行系统结构图

慢行路线

慢行路线以地下层的步行为主，十字横轴为商业活动步行的路线，十字纵轴为生活休闲步行的路线。十字轴线外，街区内部连通主要通过内部的空中连廊系统，作为十字轴线外立体步行系统的补充（如图7-9所示）。

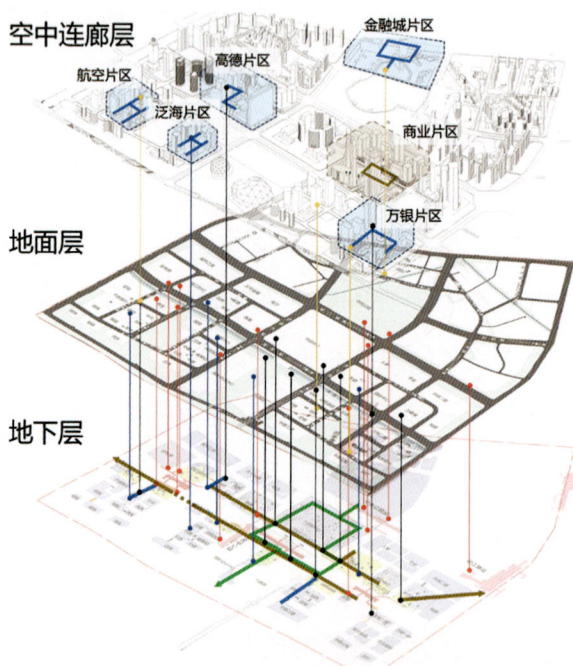

图7-9　慢行路线分布图

慢行路线有三类：商务通勤路线、商业活动路线、生活休闲路线。

商务通勤路线主要是由地铁站通往商务办公片区。主要解决航空、泛海、高德、万银、金融城等片区的通勤需求，以地铁站为起点，地下、地面交通为主，空中连廊为辅，组织通勤路线，形成回路，与步行主轴线形成总分式的步行网络系统。

商业活动路线集中在富春路两侧，以及东片区民心路。串联沿线的商业功能，强化来福士、万象城、国际中心等构成的商业中心片区意象。

生活休闲路线主要沿十字纵轴设置，从北向南由市民公园至城市阳台。串联西湖—轴线城市轴线上重要节点，如市民公园、城市阳台和波浪文化城等，并加强与地铁站点联系，提升慢行的便利度。

实施方案

1. 主要目标

以强化十字轴沿线的地下空间系统为主要目标，将空中连廊作为地下空间系统的补充。

2. 实施理念

兼顾近期与远期的实施；注重个体与整体的联系。

3. 重点区域

划定三个重点片区，包括西片区——商务中心、中轴线——形象门户、东片区——商业核心，明确不同片区立体交通系统塑造的侧重点（如图7-10所示）。

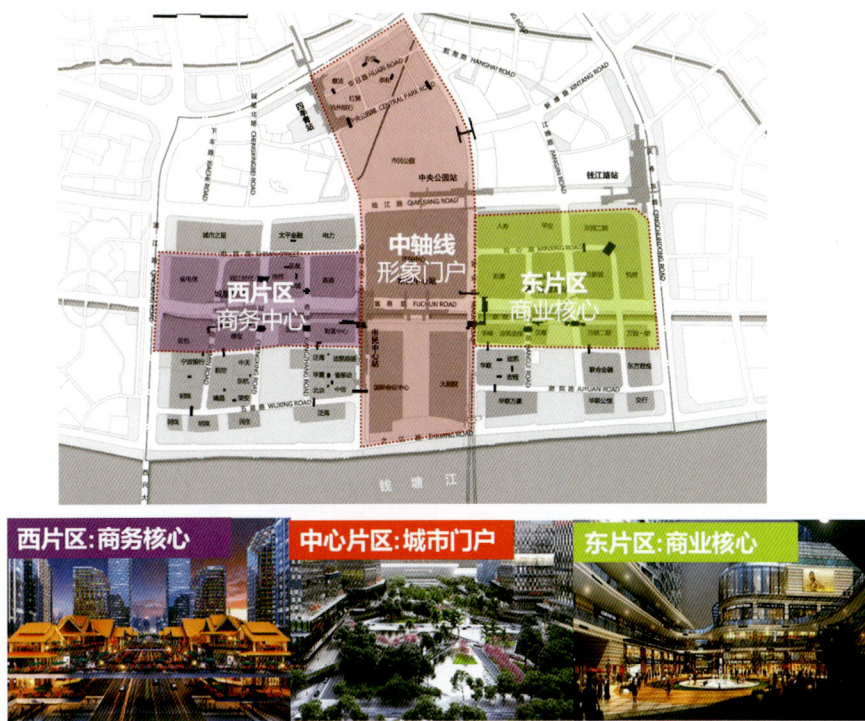

图 7-10　重点片区图

4. 地下通道系统调整

依托地铁站点、便捷的竖向交通、丰富的周边业态、连续的慢行系统，实现步行系统网络化，无缝衔接多层面的城市生活。为充分发挥地铁站加强地区连接的功能，可新增2个地下通道和取消1个地下通道。

（1）可新增 2 个地下通道。

49# 新业路—民心路地下通道。增设理由：加强地铁站与市民中心地下空间连接，同时连通商业区域，加强地区商业联系。

50# 城园路地下通道。增设理由：连通市民公园地下、金融城地下与四季青站。增加了市民公园的可达性，方便办公人流进入金融城，也提供了横穿新业路的地下路径（秋石高架互通阻碍了地面人行穿越）。

（2）可取消 1 个地下通道。

41# 钱江时代—城星国际人行地下通道。取消理由：城星路站已有从钱江时代通往城星国际的地铁通道，此通道可取消。

图 7-11 为地下空间展示图，图 7-12 为空中连廊展示图。

图 7-11　地下空间展示图

图 7-12　空中连廊展示图

表 7-2　地下通道建设情况表

通道编号	两侧项目	状态	通道性质
1# 地下通道	城星路站—亚包大厦	已建	人行通道（市政）
2# 地下通道	尊宝大厦—航空大厦	已建	人行通道（市政）
3# 地下通道	尊宝大厦—森林公园	待建	/（市政）
4# 地下通道	华成大厦—高德置地	已建	人行通道（市政）
5# 地下通道	财富中心—国贸大厦	已建	人行通道（市政）
6# 地下通道	财富中心—泛海大厦	已建	人行通道（市政）
7# 地下通道	市民中心—高德置地	已建	人行通道（市政）
8# 地下通道	波浪文化城—财富中心	已建	人行通道（市政）

续表

通道编号	两侧项目	状态	通道性质
9# 地下通道	国际会议中心—中信银行	拆除	人行通道（市政）
10# 地下通道	市民公园过街地道	已建	人行通道（市政）
11# 地下通道	市民公园—市民中心	部分拆除	人行通道（市政）
12# 地下通道	市民中心—来福士	已装修	人行通道（市政）
13# 地下通道	来福士—华峰—波浪文化城	已装修	人行通道（市政）
14# 地下通道	华峰国际—华联 UDC	已建	人行通道（市政）
15# 地下通道	来福士—杭州国际中心	已建	人行通道（市政）
16# 地下通道	汉嘉大厦—迪凯金座	已建	人行通道（市政）
17# 地下通道	地铁江锦路站地面出入口	已建	人行通道
18# 地下通道	地铁江锦路站—万银二期	已建	人行通道（市政）
19# 地下通道	联合金融—万银二期	已建	人行通道（市政）
20# 地下通道	明珠国际地下通道	在建	车库通道（市政）
21# 地下通道	明珠国际—宁波银行	已建	/
22# 地下通道	亚包大厦—宁波银行	未建	/
23# 地下通道	瑞晶国际—中华航空	已建	地块内人行通道
24# 地下通道	意法大厦—杭州银行	未建	人行通道
25# 地下通道	四季青站—市民公园	未建	人行通道
26# 地下通道	中天国开—东杭大厦	已建	车库通道
27# 地下通道	泛海国际—泛海钓鱼台酒店	已建	车库通道
28# 地下通道	中国移动—中信银行	已建	车库通道
29# 地下通道	泛海国际—中国移动	已建	车库通道
30# 地下通道	迪凯银座—中国移动	已建	车库通道
31# 地下通道	迪凯银座—泛海国际	已建	车库通道
32# 地下通道	圣奥大厦—华成大厦	已建	车库通道
33# 地下通道	太平金融内部通道	在建	/
34# 地下通道	城星国际—圣奥大厦	未建	/
35# 地下通道	华联 UDC—华联万豪	未建	/（市政）
36# 地下通道	华联 UDC—宏程国际	已建	车库通道
37# 地下通道	迪凯国际—宏程国际	已建	车库通道
38# 地下通道	迪凯国际与华联 UDC	已建	车库通道
39# 地下通道	万象城与华润二期	已建	车库通道（市政）
40# 地下通道	万象城与华润二期	已建	人行通道（市政）

续表

通道编号	两侧项目	状态	通道性质
41# 地下通道	城星国际—钱江时代	未建	/
42# 地下通道	泛海国际—中信银行	未建	/
43# 地下通道	瑞晶国际—荣安中心	已建	车库通道
44# 地下通道	杭州银行—红狮水泥	在建	车库通道
45# 地下通道	JG1308-12—浙江农信	未建	车库通道
46# 地下通道	浙江农信—JG1308-06	未建	车库通道
47# 地下通道	泰和国际—JG1308-07	未建	车库通道
48# 地下通道	JG1308-10—市民公园	未建	人行通道
49# 地下通道	新业路—民心路地下通道	未建	人行通道
50# 地下通道	城园路地下通道	未建	人行通道

表 7-3　空中连廊建设情况表

通道编号	两侧项目	状态
1# 空中连廊	瑞晶大厦—中华航空	建成
2# 空中连廊	东杭大厦—荣安大厦	建成
3# 空中连廊	东杭大厦—中华航空	建成
4# 空中连廊	东杭大厦—中天大厦	建成
5# 空中连廊	泛海内部通道	建成
6# 空中连廊	泛海内部通道	建成
7# 空中连廊	中国移动—中信银行	建成
8# 空中连廊	中国移动—迪凯银座	建成
9# 空中连廊	中国移动—泛海国际	未建
10# 空中连廊	圣奥大厦—华成大厦	未建
11# 空中连廊	城星国际—圣奥大厦	未建
12# 空中连廊	城星国际—太平金融	未建
13# 空中连廊	太平金融内部连廊	在建
14# 空中连廊	太平金融—利有大厦	在建
15# 空中连廊	高德置地—利有大厦	建成
16# 空中连廊	高德置地—华成大厦	未建
17# 空中连廊	迪凯国际—宏程国际	建成
18# 空中连廊	华联 UDC—迪凯国际	未建

续表

通道编号	两侧项目	状态
19# 空中连廊	迪凯金座—迪凯国际	建成
20# 空中连廊	万银一期—东方君悦	未建
21# 空中连廊	万银一期—万银二期	建成
22# 空中连廊	联合金融—万银二期	建成
23# 空中连廊	联合金融内部通道	建成
24# 空中连廊	来福士—杭州国际中心	未建
25# 空中连廊	来福士—中国人寿	在建
26# 空中连廊	中国平安—中国人寿	已建
27# 空中连廊	中国平安—杭州国际中心	未建
28# 空中连廊	华润—华润二期	未建
29# 空中连廊	宁波银行—明珠国际	未建
30# 空中连廊道	尊宝大厦—中华航空	未建
31# 空中连廊	JG1308-06—JG1306-09	未建
32# 空中连廊	JG1308-07—JG1306-08	未建
33# 空中连廊	意法大厦—红狮水泥	未建
34# 空中连廊	杭州银行—红狮水泥	未建

第四编

迈入新时代 | 无限可期的新城未来

● 未来发展展望

8.1 未来发展展望

8.1.1 钱江新城未来发展

钱江新城二十年来砥砺前行，为千年杭州史画上浓墨重彩的一笔。"日月同辉"、"大金球"、来福士等辉煌的建筑已将钱江两岸点缀得熠熠生辉。二十年弹指一挥间，从一片江边滩涂，到矗立着百幢高楼、聚集着千余家企业、吸引着万余员工，钱江新城现已是杭州的政治、经济和文化中心。

战略的拓展不断提升城市的格局，城市的发展不断提高百姓的生活水平。拔地而起的高楼、高速运转的城市 CBD，将杭州从一个时代推向了另一个时代。2000 年，杭州市委、市政府提出实施"城市东扩，旅游西进，沿江开发，跨江发展"战略，进一步拓展城市发展空间。2001 年 7 月 1 日，杭州大剧院在钱江新城打下第一桩，吹响了从"西湖时代"迈向"钱塘江时代"的号角。2008 年 9 月 30 日，一个令所有新城人（包括决策者、建设者和参与者等）无法忘怀的日子，核心区建成并向市民开放。2016 年，G20 峰会在杭州举办，两座新城和杭州站在世界舞台中央。未来杭州亚运会的举办将再次吸引全球目光，成为展示杭州的"重要窗口"。

钱江新城过去二十年所获得的辉煌成就为将来的精彩奠定了坚实基础。钱江新城建设二十年已取得非凡的成果，未来将继续在产业发展、交通和空间、配套与服务、政策与规划方面继续优化。

产业发展

钱江新城作为杭州市的商务中心、行政中心和文化中心，在未来的发展中，将继续大力发展金融行业。以金融业为导向，不断引进新兴产业，发展多元化的企业体系。通过不断完善金融产业链体系，建立公正公开的信息监督机制，完善金融企业征信体系，积极发展互联网金融，提高金融从业人才的奖励激励等来稳固金融行业的凝聚发展地位。

在产业业态配置方面，以金融业、专业服务业和会展业为重点发展对象，依托优势产业基础，注重引驻专业服务业、服务外包产业、文化创业产业和生产性服务业等多种业态。在发展格局方面，依托 G20 峰会、中国金融论坛，进一步发挥钱江新城综合服务、生产创新和要素集聚作用，初步形成多金融业态并存、多层次发展的格局。在特色产业方面，依托智谷国家级人力资源产业园、互联网科技产业园国家级科技孵化器、钱江国际时代广场金融特色平台，潜心培养特色楼宇，提升成熟特色产业。同时进一步大力发展总部经济，以浙商总部中心的规划为核心，继续打造浙商总部中心示范区，大力支持浙商创业创新发展机遇。

交通和空间

新城的交通和空间规划一直以来都是钱江新城建设的要点，连接市民中心和高德置地广场地下商业街的地下通道于 2020 年国庆节前夕正式投入使用。市民中心周边地下空间系统已基本形成，市民可以自由穿梭于市民中心、高德置地广场、来福士中心、华峰国际、波浪文化城之间。未来杭州地铁 7 号线开通，还将进一步串起国际会议中心、财富中心以及泛海国际等地下空间。

波浪文化城地下通道、尊宝大厦地下通道、万象城地下通道、钱江国际时代下沉广场等在 2015 年初步建成，并提出"十字轴带、网络成片"的框架结构。近年来，钱江新城管委会又提出了提升改造方案：以新城核心区十字轴线为骨架，依托现有及规划地铁站点建立起"二轴串九心，一线连多点"的总体规划架构。目前，钱江新城核心区已建成地下通道 35 条，空中连廊 16 座，还有 8 座地下通道正在抓紧提升改造中，以建立健全城市公共空间管理的长效机制。

在未来发展中，新城交通建设致力于打造协调的公共空间，优化公共交通体系。通过智能化的交通体系，为市民提供实时交通出行信息，提高交通系统的效率，打造安全、便捷、人性化的步行环境。通过设置 CBD 环形公交线路，打造一站式公共交通。大力构建公共自行车体系，呼吁市民绿色出行。充分考虑地下空间交通系统，打通地下一层，形成地下人行系统，提高城市空间利用率。

钱江新城未来对空间的使用将更加注重绿色生态景观的规划与打造，注重楼宇之间公共空间的连贯，注重环境打造与文化艺术的嫁接。

配套与服务

钱江新城优化发展离不开现代化的配套设施与完善的服务体系。区域配套商业的比重将进一步增加，商业导入工作向多层次、多样化发展。同时增加特色小型博物馆、美术馆等文化设施的投入，为市民提供精神世界的养分。依托钱江新城核心区大量的楼宇资源，结合现代互联网技术的优势，打造新型的"网联网＋楼宇"模型。

在设计方面，设计有前瞻性的产品成为地标的基础，通过产品与设施的创新带来差异化竞争力；在建造方面，通过严格精确的施工建造，最大程度地呈现和交付设计方案；在招商方面，通过市场化、高水平的招商策略，影响项目的租户结构、市场影响力及未来增值空间；在服务方面，建设专业的物业管理、软性的服务平台，提高项目硬件水平的维护及客户的口碑与增值。

人才引进

任何一个地方的发展都离不开优良的政策与规划的指导，钱江新城未来将加大开发治理和人才引进的力度，吸引一大批优秀的人才为新城建设献力献策，积极拓展招商引资的渠道，综合服务和产业扶持策略。

8.1.2 拥江发展战略

拥江发展战略概述

拥江发展战略是杭州市委、市政府认真学习贯彻党的十九大精神和习近平新时代中国特色社会主义思想，聚焦新时代、新思想、新征程，围绕新时期社会主要矛盾转变和省委重大决策部署而进行的新实践。

这项工作的重点是杭州打造"沿江开发、跨江发展"的升级版，保护"母亲河"、造福子孙后代，接力实现杭州城市空间布局从"三面云山一面城"向"一江春水穿城过"的嬗变，最终以城带乡、以东带西、构建杭州城乡共富共美新格局。

借鉴上海等世界名城建设经验，已明确以杭州境内 235 千米钱塘江为主轴，以推进钱塘江综合保护与开发利用工程为突破口，采取"控、治、修、建、调、优"

综合措施，依托流域岸线先天的文化特色、资源禀赋、发展空间优势，打造钱塘江流域生态带、文化带、景观带、交通带、产业带、城市带，践行生态文明建设，串联布局特色小镇、旅游休闲等产业，助推新时代美丽乡村建设，实现城乡统筹发展、区域协调发展，为杭州加快建设和谐宜居、富有活力、特色鲜明的国际化、现代化大都市和韵味独特、别样精彩世界名城奠定坚实基础。

拥江发展行动规划

2019年1月4日《杭州市拥江发展行动规划》（以下简称《规划》）正式出台，这是杭州市推进拥江发展的路线图和任务书，是优化空间格局、强化市域统筹的重要依据，对杭州城市未来发展具有重大意义和深远影响。

《规划》是杭州市拥江发展战略的总规，其编制过程坚持"共抓大保护，不搞大开发""不搞大开发，而是大开放"的理念，把整体规划与行动规划等相结合，充分听取区县（市）发展诉求和建议，多次邀请国内知名专家现场指导，广泛征求公众意见。

《规划》的主要内容如下。

1. 工作范围

在杭州市域范围内，以钱塘江与不同支流的交汇处和行政区域边界为分界点，可划分为钱塘江、富春江、新安江及千岛湖四段，简称为"三江一湖"。除去千岛湖湖区，江段全长约235千米。《规划》聚焦主轴钱塘江，以沿江地区作为主要规划范围。

同时，着眼杭州全市域，从全市一盘棋的视角，以杭州市域为研究范围，面积1.66万平方千米。

2. 目标定位

独特韵味、别样精彩的世界级滨水区域。

3. 三大战略

ж 一川如画，强化上下游生态、产业、交通统筹发展。

ж 两岸诗和，促进沿江城市、城镇、乡村协同发展。

ж 三美天下，彰显钱塘江生态之美、人文之美、时代之美。

4. 六大策略

ж 加强保护治理，打造山清水秀的自然生态带。

ж 加强转型升级，打造绿色高效的现代产业带。

ж 加强融合互动，打造功能完备的宜居城乡带。

ж 加强快慢结合，打造便捷顺畅的综合交通带。

ж 加强整合提升，打造富有韵味的公共景观带。

ж 加强传承利用，打造特色彰显的魅力文化带。

5. 六大行动

ж 控：强化刚性管控，包括红线管控、岸线管控、高度管控。

ж 治：重视生态治理，包括山体治理行动，支流、内河治理行动，湿地治理行动，沙洲治理行动。

ж 修：开展城市修补，包括码头修复行动、绿道修复行动、驿站修复行动。

ж 建：建设机会地区，包括发展、提升两类地区，共计 28 个机会地区。

ж 调：推动产业转型，包括绿色化转型示范、艺术化转型示范、智能化转型示范。

ж 优：优化文化体验，包括西湖与钱塘江联通行动、湘湖与钱塘江联通行动、"富春山居"场景营建行动、"分水绕桐君"场景提升行动、"徽浙古道，千年梅城"场景营建行动。

《杭州市拥江发展行动规划》将目标和战略落实到操作层面，注重对规划实施全过程的引导，划定三类岸线和四类地区，提出具体的规划要求和调控指标，为下一层次规划落实明确要求和路径。

拥江发展大事记

年份	日期	事件主题
2017	8 月 1 日	杭州市召开市委十二届二次全体（扩大）会议，会议强调：加快建设一流城市，必须坚定不移推进拥江发展，抢抓"大湾区""大花园""大都市区"建设机遇，深入推进钱塘江综合保护与开发利用工程
	10 月 26 日	市委办公厅、市政府办公厅建立杭州市"拥江发展"领导小组
	11 月 10 日	杭州市召开市委十二届市委常委会第二十五次会议，会议审议通过《中共杭州市委 杭州市人民政府关于实施"拥江发展"战略的意见》

续表

年份	日期	事件主题
2018	1月26日	市"拥江发展"领导小组办公室正式挂牌,办公室主任、副市长缪承潮与副主任、钱江新城管委会党委书记、主任郑翰献共同揭牌
	12月13日	《杭州市拥江发展行动规划》正式出台
2019	4月2日	《钱塘江绿道与公共空间规划建设导则(试行)》《钱塘江绿道标识系统规划设计导则(试行)》正式出台
2020	2月2日	杭州市人民政府批复同意《钱塘江两岸园林绿化风貌建设导则》
	9月4日	杭州市人民政府批复《钱塘江流域两岸总体城市设计》和《杭州市钱塘江综合保护与发展实施导则》
	10月1日	《杭州市钱塘江综合保护与发展条例》正式实施

8.1.3 湘湖·三江汇未来城市先行实践区

湘湖·三江汇未来城市先行实践区涉及西湖区、滨江区、萧山区、富阳区,共12个乡镇街道。作为未来杭州城市发展的重点区域之一,三江汇地区将探索新时期人与自然和谐共生的山水营城模式,成为杭州未来魅力的展示窗口、未来城市"杭州样本"的核心载体。2020年12月3日,市委、市政府正式发文建立杭州市三江汇未来城市实践区建设管理领导小组。2020年12月6日,经中央编办、省委编办、市委编办批复同意设立杭州市三江汇未来城市建设管理委员会,在杭州市钱江新城建设管理委员会挂牌。2021年3月18日,杭州市召开湘湖·三江汇未来城市先行实践区建设动员大会,正式拉开了杭州探索未来城市建设的序幕。

湘湖·三江汇未来城市先行实践区规划范围为456.98平方千米,其中滨江区54.76平方千米、西湖区152平方千米、萧山区115.42平方千米、富阳区134.80平方千米。北起之江路—钱塘江大桥,南至新沙岛、春永线,西

图8-1 三江汇规划范围

起灵山山脉，东至蜀山路（如图 8-1 所示）。

文化传承

湘湖·三江汇未来城市先行实践区是中华传统文化的重要承载地。跨湖桥文化、吴越文化、钱塘江文化、渔浦文化等在内的独特文化符号随历史进程逐渐融合、沉淀，形成富有三江汇特色的地域文化。同时，湘湖·三江汇未来城市先行实践区也是杭州现代艺术文化的展现之地。湘湖·三江汇未来城市先行实践区集聚了白马湖生态创意城、中国网络作家村、中国美术学院、浙江音乐学院、浙江"四大馆"等承载艺术设计、文化创意、动漫创作的文化载体。山水掩映之间，上演着包豪斯设计展、国际动漫节、交响音乐会等无数文化事件，彰显出江南韵味和现代文化交融的多重魅力。

建设价值

湘湖及三江汇流区块是萧山、西湖、滨江、富阳四区交界之地，此前被视为无足轻重的"边角料"，发展滞后。这里空间割裂、规划打架、功能碎片化等问题突出，拆迁安置房比较集中，城市功能十分薄弱，公共服务存在明显短板，交通道路系统相对滞后，"断头路"较多，一度成为各区建筑垃圾、土方填埋的聚集之地。

但正是这四区交界之地，恰处于承东启西、城乡融合的重要枢纽位置。当前开发强度相对较低意味着发展空间广阔，可供开发建设的储备用地和留白空间较大，可以说是得天独厚的一块璞玉；这里生态条件十分优越，拥有湘湖和之江两个国家级旅游度假区，蓝绿空间占比达 3/5 以上，有长安沙等独特的生态资源，是杭州的"蓝心绿肺""天然氧吧"；这里人文底蕴深厚，是"浙东唐诗之路"的重要源头，拥有跨湖桥文化、吴越文化、钱塘江文化、渔浦文化等文化印记。正因如此，这里成为杭州传承接续山水肌理、历史积淀、文脉气韵，引领呈现科技范、时尚感、艺术味的"绝版之地"，成为书写未来杭州全局和长远发展的"点睛之笔"。

发展战略

城市是人类文明的集中体现，是实践未来的最佳场地。未来城市建设是为了满足生态文明时代提出的新要求，不仅要建设成有抱负的梦想之城，也要成为有文化、有生态、有温度的宜居之城。杭州市肩负多重期许，她不仅是国家期望、省会担当，还承担着城市使命。杭州具有得天独厚的美丽景观，韵味无穷的南宋文化、吴越文化，也具有精益求精的城市品质。在新时代杭州要以引领长江三角南翼的创新中心和"最中国""最魅力"的国际客厅为未来发展的突破口，而三江汇地区具备"新支点、最山水、最杭州、最潜力、最璞玉"多方面的综合优势，且问题多元，具有示范性意义，是杭州最适宜开展未来城市实践的地区。

湘湖·三江汇未来城市先行实践区建设强调吸引多样化的未来人群，坚持创新驱动发展战略，营造智慧智能人居环境，再现富春山居文化和江南文化的诗意，将三江汇地区塑造为魅力永续的杭州未来城市实践区。在实践中，坚持生态优先、绿色发展，以提供传承与创新交融的多元文化载体延续中华优秀传统文化，推进以科技创新为核心的全面创新，形成形式多样、构成多元的创新共同体，建设智慧交通体，塑造慢行、活力、共享的街道空间，探索多主体参与、多形式持有经营、多力量协同共进的治理模式。

从多个角度出发，协调并进，以 2022 年、2035 年和 2050 年为三个阶段节点，构建湘湖·三江汇未来城市先行实践区。2022 年，未来城市初具雏形；2035 年，未来城市初步建成；2050 年，全面建成未来理想城市。

总体布局

湘湖·三江汇未来城市先行实践区在总体布局上形成"一川展卷，两翼湘灵，三江汇心，田园组群"的空间结构。一川展卷，以钱塘江为主轴，通过生态廊道的构建，打破山水屏障的阻隔，使生态与城市相融相生。两翼湘灵，加强灵山和湘湖在三江汇地区的拥江集聚发展，联动西湖，聚集活力人气，借势而为，打造杭州的"蓝心绿肺"。三江汇心，强调生态共保，围绕三江汇心地区建立内外联系的生态保护环，活用水系、田园、绿地等自然资源。田园组群，规划采用板块式、组团化、低强度的开发模式，实现弹性生长的城镇空间布局。

未来人群的生活具有高流动性、高国际交往性、高复合性和全时段性等普遍的共性需求，湘湖·三江汇未来城市先行实践区对标未来人群的空间需求，针对社群特质，形成小而专的城市组团，打造相互联结的定制聚落平台。未来城市的建设场景从城市的特色底蕴出发，焕发起未来人群对城市最本真的追求，以传统的"宋坊"为标准，在此基础上打造"现代共生坊巷新社区"，再现诗意江南的空间图景。通过对坊巷的多种形制演绎，包括弄坊、河坊、学坊、趣坊和田坊打造新社区空间组织。

湘湖·三江汇未来城市先行实践区以生态、文化、创新、智慧这四个发展为重点导向确立主导功能。以此为基，未来城市鼓励引入新产业，升级传统产业。湘湖·三江汇未来城市先行实践区纯净秀美的山水景观，展现了优雅精致的江南水乡风情，以"点线面"风貌管控策略，有重点、有层次地完成地区山水大格局的塑造。未来城市是充满科技感和人性的城市，从人的视角出发，考虑人在其中的体验和感受，使城市对人更有吸引力。为体现实践区由杭州都市地区向田园地区转换的特征，将全域空间按照分区风貌划分。

行动计划

湘湖·三江汇未来城市先行实践区的行动计划从绿色未来、创新未来、文化未来、智慧未来四大维度提出。

1. 空间整治优化行动

行动目标：山水融城，全域管治；底线盘整，保量优质；边界约束，集约高效。

2. 城市双修整治行动

行动目标：生态优先，绿色发展；城市双修，品质提升。

3. 现代山居塑境行动

行动目标：诗意山水，最美景观；三江两岸，最美画廊；水陆日夜，最美游线。

4. 创新凝聚力引源行动

行动目标：招贤纳士，人才引领。

5. 孵化平台链接行动

行动目标：开放创新，平台搭建；创新生态，链条带动。

6. 文化意匠集聚行动

行动目标：匠心传承，古艺新诠；艺创引领，空间赋能。

7. 国际窗口交往行动

行动目标：展示窗口，对外交往；思想碰撞，创意创新。

8. 出行畅达活络行动

行动目标：外部畅达，枢纽联动；内部活络，缝合两岸；绿色公交，高效便捷。

9. 未来社区雅居行动

行动目标：绿色生态，服务优质；定制生活，宜业安居；魅力街道，活力新生。

10. 智慧生活体验行动

行动目标：智能高效，智能感知；技术模拟，场景体验。

以"不一样的发展定位、不一样的开发理念、不一样的城市形态、不一样的产业业态、不一样的治理模式"，扬弃和超越工业时代的城市发展道路，积极探索敬畏自然、回归本源的新型城市发展范式，以绘就现代版"富春山居图"的生动实践呈现未来、拥抱未来、引领未来。未来城市应该是人们对城市未来所有想象的集大成者，而所有的想象都必须在具体的场景中加以实践。

建设目标

湘湖·三江汇着重打造未来社区、未来坊巷、未来公园、未来教育、未来康养、未来建筑、未来交通、未来科创、未来工厂和未来治理等"十大未来场景"。

未来社区按照"三化九场景"的要求，聚焦人本化、生态化、数字化三维价值坐标，主动适应数字牧民、艺术工匠、科技专家等社群聚落特征，形成5分钟、10分钟、15分钟服务圈，全天候服务链，全人群服务面，营造远亲不如近邻的邻里氛围，推动"原住民"和"新市民"和谐相处、"码农"与"菜农"比邻而居、"艺术家"与"生活家"碰撞交流。

未来坊巷做深做透依山融水文章，空间尺度上回归街区生活，街区功能上回应社交需求，个性特征上做到智趣盎然，营造新时代江南人居场景体验，让置身其中的人们切实感受"坊巷寻梦江南苑"。

未来公园的定位不仅仅是生态安全屏障、市民休闲空间，将按照公园城市的理念，高水准规划建设绿心公园，加快从单一视觉景观向综合功能承载转变、从相对封闭运行向全面融入城市转变，真正实现"城市即公园、公园即城市"。

未来教育将不仅仅局限于传统意义上的学校教育，将诞生更多没有围墙的学习中心。未来，这里将围绕全年龄段需求布局优质教育资源，打造线上线下联动的学习交流平台，搭建"人人为师"共享学习空间。

未来康养将面向全人群与全生命周期，推动"人人拥有守护健康的家庭医生"，发展"一碗汤距离的幸福养老"，打造"对健康状况了如指掌的贴心助手"，倡导"燃烧卡路里的运动休闲"，高质量打造"防—治—养"一体的全民康养场景。

未来建筑将绘制"景入城内、城在景中"的山水长卷，塑造"诗画江南、魅力杭州"的文化印记，推广"绿色生态、数字赋能"的建筑标准。

未来交通将围绕"枢纽联动、缝合两岸、高效便捷"的目标，从内外两个维度构建"人、车、路、网、云"完美融合的综合体。

未来科创将率先构建"产学研用金、才政介美云"十联动的科创生态系统，以引领未来的创新创业创造孕育未来城市的蓬勃生机，吸引越来越多的梦想家来到这里书写属于自己的创新传奇、创业佳话。

未来工厂将坚持数字经济与制造业高质量融合发展，以无污染、小体量、高价值的数字经济核心产业和高端装备制造业为重点，打造数字化设计、智能化生产、网络化协同、共享化制造、个性化定制、服务化延伸为场景的未来工厂，探索形成都市型工业新空间。

未来治理将着眼未来城市的工作生活组织方式和场景特点，与时俱进升级"绣花"功夫，不断提升精细化治理水平，让企业、群众和基层能够多点、就近、实时享受服务，真切感受到"服务就在身边、服务就在掌上"，打造精明善治典范。

图 8-2　三江汇地区鸟瞰图

　　未来的湘湖·三江汇不是单纯的生产空间、生活场所，而是能够实现人的自由而全面发展的地方。这里是一座共享幸福之城，从经济逻辑回归人本逻辑，把"人"作为最重要的尺度，充分彰显人性化、人情味、人文气，使人们在城市中生活更具品质、更有尊严、更富自觉、更加自在，既有身之所栖的空间场所，也有此心安处的精神家园。在这里，人人都能拥有人生出彩机会、价值归属认同，大家荣辱与共、守望相助、彼此温暖，每个人个性化的追求都能获得尊重、多样化的天性都能得到呵护，每个人都能找到改变命运的机会、适合自己的舞台、成长进步的通道，每个人都发自内心地热爱这座城市、热爱自己的生活。

　　未来的湘湖·三江汇将是一座数字化的孪生之城，以数字化改革为牵引，把数据作为城市基座、发展空间、生产要素，通过信息融通共享、科技迭代创新、服务交织渗透，实现万物智联、整体智治，成为一个"可感知、会思考、有温度"的智慧生命体。在这里，每一条街巷都能在线上同步映射，每一幢建筑都有数字镜像，每一个城市家具都被赋予数字身份，每一辆无人驾驶的公交车都会准时带你回家，城市将更加安全韧性、知冷知热、无微不至。

　　未来的湘湖·三江汇将是一座科技艺术之城，充满无限可能性与想象力，能提供创新思想萌发的土壤、前沿科技策源的平台、经典艺术呈现的空间，一切活力要素充分迸发、一切创新源泉充分涌流。在这里，劳动不再只是谋生手段，而成为人们发自内心的第一需要、实现个人价值的自觉追求，工作就是生活、生活就是工作，天马行空的灵感在自在生活中不断涌现，人们在"桃花源"里与梦想不期而遇。

未来的湘湖·三江汇将是一座诗意栖居之城，这里蓝绿交织、清新明亮，道法自然、天人合一，城市将褪去喧嚣、浮躁与焦虑，能够看得见山、望得见水、记得住乡愁，市井烟火中蕴含着诗和远方。在这里，碧水、蓝天、绿树、红花、白鹭成为底色，江上有清风、山间有明月，"粉壁黛瓦马头墙，牛腿挂落花窗格。小桥流水枕人家，深巷浅弄石板路"的诗画江南意境呼之欲出。

未来的湘湖·三江汇将是一座海纳百川之城，以宽广的胸怀拥抱世界，努力成为中外文化交流、东西文明互鉴的国际客厅，充分彰显杭州的大气开放、国际风范，把杭州更好地推向世界，让世界更深地认识杭州。在这里，既能深入品味民族传统特色的风韵，又能实时触摸国际时尚潮流的脉动，来自世界各地的人们汇聚于此，在多元文化碰撞交融中找到共鸣，在内心深处产生家的归属感。

未来生活的美好画卷正在徐徐展开，三江两岸的百姓翘首以盼。

大事记

年份	日期	事件主题
2018	7月1日	市委十二届四次全会提出，积极谋划、精细打造湘湖和三江汇流区块
2019	1月10日	市委十二届六次全会提出，主城区要着力做好"东整、南启、西优、北建、中塑"五篇文章，"南启"就是要全面启动湘湖和三江汇流区块规划建设
	7月30日	市委十二届七次全会提出，推动湘湖和三江汇流区块规划建设以及未来城市试验区规划建设
2020	7月27日	启动三江汇绿心公园（暂定名）详细规划方案征集
	12月3日	杭州市委、市政府正式发文建立杭州市三江汇未来城市实践区建设管理领导小组
	12月6日	经中央编办、省委编办、市委编办批复同意设立杭州市三江汇未来城市建设管理委员会，在杭州市钱江新城建设管理委员会挂牌
	12月15日	杭州市委十二届十一次全体（扩大）会议提出要精心打造三江汇未来城市先行实践区
2021	3月18日	杭州市召开湘湖·三江汇未来城市先行实践区建设动员大会 制定《"三江汇"杭州未来城市实践区发展战略与行动规划》

第五编

致敬廿载情 | 可亲可敬的新城建设者

● 组织机构情况

● 干部队伍建设

● 新城荣誉

9.1 组织机构情况

9.1.1 基本情况

杭州市钱江新城建设管理委员会（指挥部）是杭州市政府直属正局级事业单位，2020 年 5 月经市编委批复，其主要职责在原基础上调整为：

1. 统筹协调钱塘江综合保护与发展工作，承担"拥江发展"领导小组办公室的日常工作；

2. 受委托起草"拥江发展"重大规划和实施计划，谋划重大政策和工作举措，推进实施重大项目和重要区块开发建设，承担各实施主体目标任务考核和检查督办的具体事务性工作；

3. 参与钱江新城规划区域内规划编制，经批准后组织实施；统筹协调钱江新城规划区域内重大基础设施建设，承担招商引资、宣传推介、产业功能培育和社会投资项目协调工作；

4. 承担钱江新城核心区中央商务区开发建设管理工作；

5. 参与奥体博览城区域内规划编制、重大工程建设项目相关技术方案审查和场馆运营管理工作，承担奥体博览城建设协调工作，承担杭州亚运会筹办相关工作；

6. 归口管理杭州奥体博览中心建设投资有限公司；

7. 承担杭州钱塘江博物馆的建设、管理和运营等工作；

8. 完成市委市政府交办的其他任务。

2020 年 12 月，经中央编办和省委编办批准，设立杭州市"三江汇未来城市建设管理委员会"，在杭州市钱江新城建设管理委员会挂牌。杭州市钱江新城建设管理委员会不再加挂杭州市钱江新城建设指挥部、杭州市铁路及东站枢纽建设指挥部牌子。杭州市钱江新城建设管理委员会（杭州市三江汇未来城市建设管理委员会）承担统筹湘湖及三江汇区块规划、建设和管理的职能。其主要职责是：

（1）统筹湘湖及三江汇区域内发展战略和规划管理；

（2）统筹区域内产业发展和功能布局；

（3）统筹推进区域内重大基础设施和公共配套项目建设；

（4）统筹推进区域内生态环境和历史文化保护工作；

（5）统筹区域内招商引资、社会投资项目管理等工作；

（6）承担重点区域和重点项目的开发建设管理。

9.1.2　组织沿革

2001 年 3 月，杭州市钱江新城建设指挥部建立，为相当正处级全民所有制事业单位，隶属市城乡建委领导，其主要任务是：根据钱江新城建设规划，负责相关工程建设项目的组织实施与管理。核定杭州市钱江新城建设指挥部人员编制 35 名（其中专业技术人员 25 名），核定单位领导职数 3 名，内设机构 5 个（办公室、财务处、动迁处、工程技术处和计划综合处），中层领导职数 12 名。

2002 年 2 月，杭州市钱江新城建设指挥部增挂杭州市钱江新城建设管理委员会牌子，为市政府直属的事业单位。主要任务是负责钱江新城规划区域内的开发、建设和管理工作。增加事业编制 30 名（原定编 35 名，合计为 65 名，其中专业技术人员 45 名）。核定单位内设机构 8 个，分别为办公室（党委办）、政治处（监察室）、计划财务处、规划建设处（总师办）、招商处、地政处、工程管理处、综合管理处，核定单位领导职数 5 名，中层领导职数 20 名。

2003 年 3 月，根据浙江省机构编制委员会《关于杭州市钱江新城建设管理委员会机构规格的批复》（浙编〔2003〕10 号）精神，确定杭州市钱江新城建设管理委员会的机构规格为相当市行政正局级。

2006 年 4 月，杭州市机构编制委员会同意钱江新城管委会增设内设机构 2 个（原定 8 个，合计 10 个），增设后的内设机构包括办公室、政治处、计划发展处、财务管理处、规划建设处、项目服务处、招商处、地政处、工程管理处、综合管理处，并相应增加中层领导职数 2 名（原定 20 名，合计为 22 名）。

2006 年 12 月，杭州铁路及东站枢纽建设指挥部建立，其主要职责是：负责杭州东站铁路枢纽工程建设。该单位与杭州市钱江新城建设管理委员会合署，实行"两块牌子、一套班子"。同时，杭州市钱江新城建设管理委员会（杭州铁路及东站枢纽建设指挥部）增加事业编制 10 名（原定 65 名，合计 75 名），增设内设机构 1 个（原定 10 个，合计 11 个），增设后的内设机构包括办公室、政治处、计划发展处、财务管理处、规划建设处、项目服务处、招商处、地政处、工程管理处、综合管理处、铁路投资建设处，中层领导职数 3 名（原定 22 名，合计 25 名）。

2012 年 2 月，杭州市钱江新城管理委员会决定调整部分内设机构，撤销计划发展处、财务管理处，成立计划财务处；撤销项目服务处、招商处，成立招商服务处；成立政策研究室、审价处。

2012 年 2 月，杭州市钱江新城管理委员会部分内设机构更名，政治处更名为组织人事处（机关党委）；规划建设处更名为规划设计处，工程管理处更名为工程建设处。

2012 年 3 月，杭州市编制委员会办公室确定杭州市钱江新城建设指挥部（杭州市钱江新城建设管理委员会、杭州铁路及东站枢纽建设指挥部）为从事公益服务的事业单位（公益一类）。

2014 年 6 月，经杭州市人民政府批复（杭政函〔2014〕100 号），杭州市钱江新城建设管理委员会机构规范和体制调整如下：杭州市钱江新城建设管理委员会（杭州市钱江新城建设指挥部、杭州铁路及东站枢纽建设指挥部）（以下简称"市钱江新城管委会"）事业机构性质不变，为相当正局级公益一类事业单位，经费渠道为管理费开支；成立杭州市钱江新城投资集团公司（以下简称"集团公司"），并将相关资产划入集团公司；市奥体博览城建设指挥部仍归口管委会管理并补助核拨经费；杭州奥体博览中心建设投资有限公司调整为市奥体博览城建设指挥部的下属公司，日常运行经费由杭州奥体博览中心萧山建设投资有限公司、杭州奥体博览中心滨江建设投资有限公司承担。

2014 年 8 月，杭州市机构编制委员会确定杭州市钱江新城建设管理委员会（杭州市钱江新城建设指挥部、杭州市铁路及东站枢纽建设指挥部）仍为市政府直属相当正局级事业单位，实行三块牌子一套班子，为从事公益服务的事业单位（公益一类），经费形式为管理费开支。

2014年9月，根据杭州市机构编制委员会《关于钱江新城建设管理委员会（杭州市钱江新城建设指挥部、杭州市铁路及东站枢纽建设指挥部）机构编制有关事项的批复》文件精神，撤销政策研究室，工程建设处更名为工程建设管理处，综合管理处和地政处合并为综合管理处（地政处）。

2015年1月，杭州市机构编制委员会同意调整杭州市市民中心工程建设管理办公室的隶属关系。原隶属于杭州市钱江新城建设管理委员会的杭州市市民中心工程管理办公室调整为由杭州市钱江新城投资集团有限公司管理。调整后，暂保留杭州市市民中心工程建设管理办公室事业机构，待其所持的市民中心商务楼宇开发公司股权转移工作完成后，按规定予以撤销。

2015年4月，根据《关于精简收回杭州市钱江新城建设管理委员会所属事业单位部分编制的通知》，核减杭州市奥体博览城建设指挥部事业编制1名；核减杭州钱塘江博物馆（筹）事业编制1名。

2016年3月，杭州市机构编制委员会同意增加杭州市奥体博览城建设指挥部的工作职责。

2017年3月，"联百乡结千村访万户"活动领导小组及办公室成立。

2017年4月，经批复，中共杭州市钱江新城建设指挥部机关委员会更名为中共杭州市钱江新城建设管理委员会机关委员。

2017年8月，杭州市钱江新城建设管理委员会招商引资工作领导小组成立。

2017年8月，钱江新城管委会轨道交通建设协调办公室成立。

2017年10月，拥江发展行动计划编制小组成立。

2017年10月，杭州市"拥江发展"领导小组建立。领导小组下设办公室（设在市钱江新城管委会），负责领导小组日常工作，缪承潮同志兼任办公室主任，王震、郑翰献、洪庆华、张勤等同志兼任办公室副主任。

2018年2月，杭州市钱江新城建设管理委员会机构编制事项调整，管委会不再承担"负责全市铁路建设的协调、推进相关工作"职责。暂保留杭州市铁路及东站枢纽建设指挥部牌子，待条件成熟后予以撤销。收回事业编制9名，核定管委会事业编制 58 名。拟委机构类别、机构规格、内设机构和领导职数等暂维持不变，待重新制定"三定"规定时再行调整。

2018 年 2 月，经批复，杭州市钱江新城建设管理委员会内设机构进行调整：撤销铁路投资建设处；综合管理处、招商服务处合并，设立综合管理和招商处，仍增挂地政牌子；设立政策研究室，生态文化保护处；规划设计处更名为规划设计管理处，仍增挂部师处牌子；计划财务处更名为计划管理处；审价处更名为审计财务处。

2018 年 2 月，杭州市钱江新城建设管理委员会岗位设置进行调整。

2020 年 5 月，杭州市钱江新城建设管理委员会调整为杭州市人民政府直属公益二类事业单位，机构规格为正局级，核定事业编制 80 名，单位领导职数 5 名：正局长级（主任）1 名，副局长 4 名（专职副书记 1 名，副主任 3 名）；内设机构 11 个，内设机构领导职数 23 名（其中正处长 12 名，副处长 11 名）。杭州市奥体博览城建设指挥部、杭州市钱塘江博物馆（筹）并入杭州市钱江新城建设管理委员会，杭州市钱江新城建设管理委员会挂杭州市钱江新城建设指挥部、杭州市奥体博览城建设指挥部牌子，暂保留杭州市铁路及东站枢纽建设指挥部牌子。

2020 年 12 月，根据杭编办〔2020〕78 号《中共杭州市委机构编制委员会关于杭州市三江汇未来城市建设管理机构设置等事项的通知》，设立杭州市三江汇未来城市建设管理委员会，在杭州市钱江新城建设管理委员会挂牌。杭州市钱江新城建设管理委员会不再加挂杭州市钱江新城建设指挥部、杭州市铁路及东站枢纽建设指挥部牌子。

2021 年 8 月，根据杭编办〔2021〕28 号《中共杭州市委机构编制委员会办公室〈关于杭州市钱江新城建设管理委员会（杭州市三江汇未来城市建设管理委员会）及其内设机构职责调整事项的批复〉》，管委会及内设机构主要职责进行调整。

9.2 干部队伍建设

钱江新城二十年的建设成果是几代新城人智慧的结晶。在钱江新城大开发阶段，因项目需要，钱江新城管委会招聘时重点选拔具有丰富经验、拥有中级职称的干部。现在，钱江新城管委会着重优化干部队伍年龄结构，招聘时重点选拔年富力强，能够胜任紧张、艰巨工作的年轻干部。为建设一支高素质的干部队伍，钱江新城管委会不断优化干部队伍结构，重点促使干部更新知识、开阔视野、紧跟时代，提高领导班子整体素质与效能，始终保持干部队伍的战斗力和旺盛的生命力。

9.2.1 职务晋升

钱江新城管委会领导人员选拔任用工作强调"依岗选人、以事择人、优中选适"，注重优化领导班子结构，形成年龄、经历、专长、性格等方面的合理配备，做到优势互补、气质相容，增强班子整体功能，建设一支符合好干部标准、忠诚干净担当的高素质专业化事业单位领导人员队伍。二十年间，钱江新城管委会不断优化干部队伍结构，组成高质量领导班子，带领钱江新城管委会各部门积极开展各项工作。

钱江新城管委会人员职务晋升情况如图9-1。

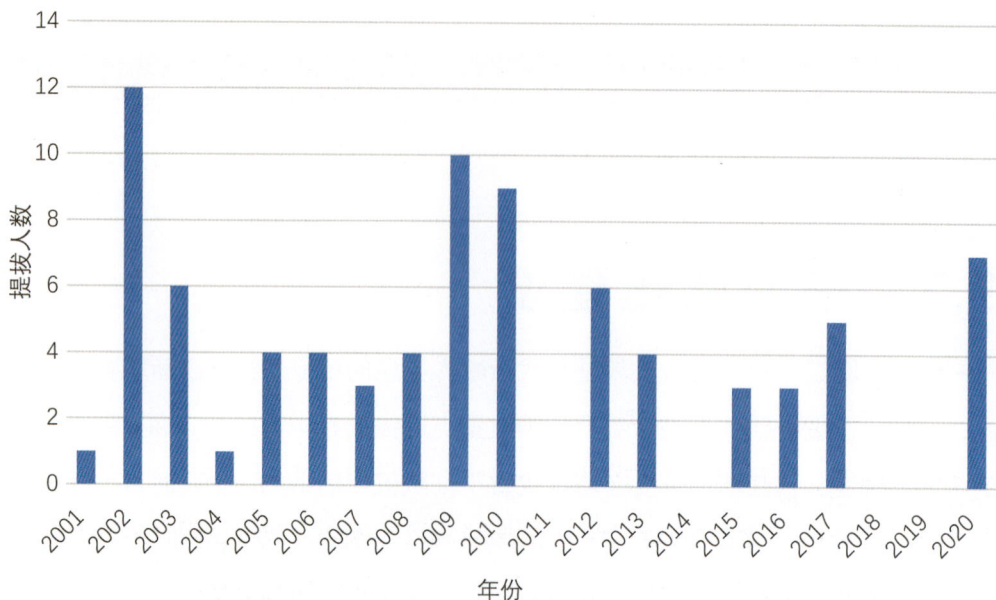

图 9-1　钱江新城管委员会人员职务晋升情况统计图

9.2.2 学历晋升

钱江新城管委会在编人员学历晋升情况如表 9-1 所示。

表 9-1　钱江新城建设管理委员会在编人员学历统计表

年份	初中	中专	高中	大专	大学	研究生	总计
2001	4	2	3	10	12	1	32
2002	4	2	4	11	28	3	52
2003	4	2	4	10	30	7	57
2004	4	2	4	7	33	7	57
2005	4	1	2	9	36	8	60
2006	4	1	2	9	35	9	60
2007	3	0	2	7	35	11	58
2008	3	0	2	6	37	12	60
2009	2	0	2	7	36	15	62
2010	2	0	1	7	34	21	65
2011	0	0	1	7	33	27	68
2012	0	0	1	7	32	29	69
2013	0	0	1	7	25	31	64
2014	0	0	0	6	27	16	49

续表

年份	初中	中专	高中	大专	大学	研究生	总计
2015	0	0	0	5	33	20	58
2016	0	0	0	4	32	20	56
2017	0	0	0	3	33	24	60
2018	0	0	0	3	32	25	60
2019	0	0	0	3	31	25	59
2020	0	0	0	3	39	34	76

2001 年至 2006 年间，大学学历的在编人员占据多数，高中及以下学历（包括初中、中专、高中学历）的人员仍占据一定比例，研究生学历的人员相对较少；2007 年，钱江新城管委会开始大力培养高层次人才，鼓励在职人员通过在职学习攻读本科以上学历，优化钱江新城管委会人才队伍的知识结构，提升人才队伍的整体水平；2011 年至 2013 年，钱江新城管委会人员学历水平均处于高中以上，且研究生的数量在迅速增长，比例最高达 48%。2014 年至 2020 年，钱江新城管委会人员的学历均已在大专以上，以大学学历为主，研究生比例依然在不断增加。从总体上看，2001 年至 2020 年，钱江新城管委会切实加强人才队伍建设，为钱江新城和杭州市经济社会发展提供了人才保障和智力支持。具体见图 9-2。

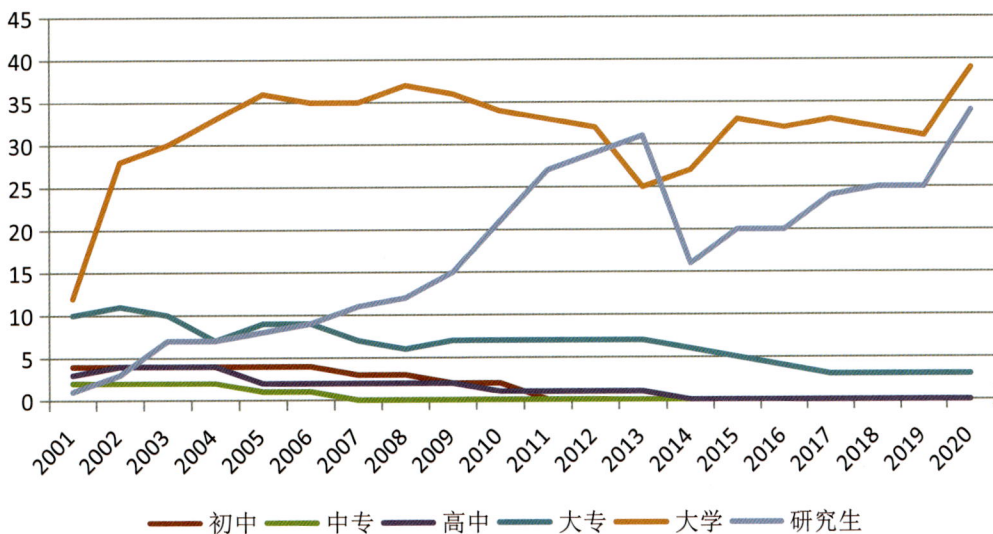

图 9-2　钱江新城管委会在编人员学历分布图

9.2.3 历任党政领导人姓名及任职时间

党政主要领导及任职时间

杨戌标（杭州市副市长兼任主任（总指挥），2001 年 3 月—2008 年 5 月）

许迈永（杭州市副市长兼任主任（总指挥），2008 年 5 月—2009 年 4 月）

俞志宏（杭州市副市长兼任书记、主任（总指挥），2011 年 5 月—2011 年 11 月）

卢春强（杭州市人大副主任兼任书记，2021 年 1 月—　　）

王光荣（杭州市副秘书长兼任书记、副主任（副总指挥），2001 年 12 月—2011 年 5 月）

郑翰献（杭州市副秘书长兼任书记、主任（总指挥），2011 年 11 月—2018 年 12 月）

黄昊明（书记、主任（总指挥），2018 年 12 月—2021 年 1 月）

於卫国（主任，2021 年 1 月—　　）

党政领导副职、党委委员及任职时间

何荣坤（兼，2001 年 1 月—2001 年 12 月）

朱云夫（2001 年 12 月—2006 年 12 月）

　　　　（兼，2015 年 1 月—　　）

施永林（2001 年 12 月—2017 年 8 月）

尹序源（2001 年 12 月—2013 年 1 月）

杨营营（2002 年 8 月—2012 年 3 月）

刘志安（兼，2006 年 2 月—2012 年 11 月）

谢建华（兼，2006 年 2 月—2007 年 8 月）

刘　卫（兼，2006 年 6 月—2007 年 4 月）

何明俊（兼，2006 年 6 月—2013 年 1 月）

黄昊明（2006 年 12 月—2014 年 7 月）

王凯平（2007 年 7 月—2014 年 10 月）

章云泉（2007 年 8 月—2021 年 4 月）

章永海（2007 年 8 月—2013 年 8 月）

陈震山（兼，2008 年 3 月—2011 年 11 月）

潘　琳（2008 年 5 月—2017 年 8 月）

夏积亮（2012 年 7 月—2013 年 1 月）

宓　挺（2012 年 7 月—2014 年 7 月）

郦仲华（2012 年 7 月—2014 年 6 月）

潘国强（2012 年 12 月—2014 年 7 月）

茹　文（2012 年 12 月—2014 年 7 月）

郑珊瑚（2013 年 4 月—2014 年 7 月）

　　　　（2018 年 12 月—2022 年 7 月）

孙幼幼（2013 年 4 月—2014 年 6 月）

宋德成（2014 年 7 月—2019 年 1 月）

徐德胜（2014 年 10 月—2019 年 2 月）

皇甫佳群（2017 年 11 月—　　　）

许伟良（2018 年 5 月—　　　）

曾　珲（2019 年 1 月—　　　）

王书评（2021 年 3 月—　　　）

杨　波（2021 年 3 月—　　　）

郑　萍（委员，2018 年 2 月—　　　）

方永斌（委员，2020 年 5 月—　　　）

市纪委（市监察局）驻市钱江新城建设管委会（指挥部）纪检监察组

组　长：

王凯平（2007 年 7 月—2014 年 10 月）

徐德胜（2014 年 10 月—2019 年 2 月）

副组长、副局级纪检员：

朱忆昔（2007 年 8 月—2014 年 10 月）

李国建（2014 年 10 月—2019 年 2 月）

顾　问：

许桂根（2001 年 12 月—2008 年 12 月）

王南翔（2001 年 12 月—2008 年 12 月）

9.2.4　历年在编干部名册

历年在编干部名册										
尹序源	宣炳海	谢晓芳	应宏文	戴兴法	石晓波	戎素娟	董振刚	吴玉兰	敖敏霞	钱　凌
俞顺年	吕乃刚	王高帆	陆琳莉	来盾矛	茹　文	鲁美霞	俞小未	石祖尧	寿海洲	余跃天
姜慧琴	刘文丽	朱宝云	潘　玲	葛春杰	朱　虹	陈张林	吴　伟	陈　伟	方永斌	朱云夫
施永林	郑　萍	唐宏涛	徐良英	褚梦琪	黄加富	黄锡刚	陈　炜	刘　刚	潘　琳	宓　挺
沈方凌	林　琳	董天乐	陈一民	郦仲华	郑珊瑚	孙幼幼	杨莹莹	陈　红	王洁娴	赵　燕
钱　筑	谢振华	忻　蕾	金　澜	阮玉东	赵　峰	赵鹏力	金　祎	陈　松	王一波	刘飞焱
黄昊明	章云泉	马玉龙	黄　冰	郭鲁军	骆　祎	王国平	许　柯	朱晓群	杨正民	张　烈
章永海	蔡宏伟	朱建宏	张　伟	张小波	卢于明	王　晶	郑翰献	丁守中	宁自华	李一博
夏积亮	孙卫军	翁渭英	陈磊晶	高秀芹	潘国强	南　佳	俞仲凯	王世冲	宋德成	李飞孟
王佳琪	黄礼峰	张　琪	王神钱	刘　佳	施旭青	尉康苗	俞俊男	陈　伟	徐　悦	卢　彤
傅紫薇	丁　瑾	皇甫佳群	戴维涛	周妙莹	李雁菲	张丽泉	朱益强	袁立山	许伟良	曾　珲
闻礼双	陈小雪	高丽琴	袁　淼	郑　怡	潘书君	周慧洁	周　翔	张远林	周丽娟	倪舒娴
单国凤	王俞东	李沈飞	华　芳	於卫国	王书评	刘德鸿				

注：按进编时间、处室排序。

9.2.5　挂职干部

在杭州市委、市政府的重视下以及各方的大力支持下，各部门选派优秀中青年干部到新城重点工程一线挂职锻炼。挂职干部们为钱江新城的建设提供了智慧，推进了新城重大项目的建设，为钱江新城成为杭州城市新地标贡献了力量。2002年至 2013 年，共有 116 名中青年干部来钱江新城挂职。具体如下：

派驻人员 / 挂职干部名单									
赵金龙	徐江才	刘晓东	汪一春	王颖华	龚勤芳	林福明	黄柏顺	李　军	陈　军
吴建国	赵　卫	方正国	李忠誉	刘承松	徐金宝	来碧成	孙萍萍	王柏钦	柴绪然

续表

派驻人员／挂职干部名单									
王利民	吴 隆	郑斌全	蔡善强	袁心浩	林定锐	汪灿祥	郭金高	沈培祥	马友生
傅梅生	钱 军	陈继丙	陈江明	徐丹青	林 琳	莫晓军	许书安	傅荣昌	许茂校
马玉龙	谢荣芳	杨 旭	辛嘉良	杨掌荣	吕春娟	张 萍	诸孔朵	徐志成	胡胜军
范忆文	王宏伟	韩筱玫	郑建美	倪学英	钱丽华	吴应霞	郭鲁军	金永玲	袁 蕊
张晓炯	郎 勇	周 斌	沈建锋	王敏雅	王利军	张 军	曹咏梅	俞国萍	王晓光
陈培根	王永进	陆保友	朱 鹏	张 琴	王紫砚	徐晓钧	陈双节	赵 峰	王 剑
陈小艾	赵振祥	李 明	李胜军	张开辉	张建英	徐良英	叶宝炎	应文越	黄飞燕
潘星龙	赵鹏力	宋金海	胡晓明	马维斌	黄凌红	朱淦林	封华明	陈 烨	王孝华
倪其昌	商 涛	佟海燕	孙秀明	欧爱萍	李利辉	余 刚	俞盛枫	汤 筠	张巧薇
郑少午	陈 楠	胡 琛	潘 健	俞珉珉	陶有庆				

9.3　新城荣誉

　　钱江新城管委会坚定信心，迎难而上，务实苦干，按时完成杭州市委市政府布置的各项目标任务，朝着新的方向前进。经过几代新城人的不懈努力，钱江新城取得了骄人的成绩，集体、项目和个人都取得了不少荣誉和表彰。

9.3.1 市级及以上荣誉

1. 集体荣誉

2002 年

☀ 2002 年市区道路建设两年大会战先进单位：市钱江新城指挥部

☀ 2002 年度杭州市档案年检工作优秀单位：市钱江新城指挥部

2003 年

☀ 2003 年市区道路建设两年大会战突出贡献单位：市钱江新城指挥部

☀ 2003 年度市直机关目标管理责任考核工作先进单位：市钱江新城指挥部

☀ 2003 年度杭州市重点项目建设先进集体：解放路工程建设指挥部

☀ 2003 年度杭州市爱国卫生先进单位：市钱江新城指挥部

☀ 2002—2003 年度杭州市"三八"红旗手集体：市钱江新城管委会妇委会

☀ 2003 年度杭州市档案年检工作优秀单位：市钱江新城指挥部

2004 年

☀ 浙江省重点工程立功竞赛先进集体：杭州大剧院工程建设指挥部

☀ 第六届（2004）中国杭州西湖博览会优质服务先进单位：市钱江新城管委会

☀ 2004 年度全市招商引资鼓励奖：市钱江新城管委会

☀ 2004 年杭州市劳动模范集体：杭州大剧院工程建设指挥部

ж 2004 年杭州市重点工程项目建设管理优胜部门：市钱江新城管委会

ж 2004 年度市政务信息工作先进单位：市钱江新城管委会

ж 2004 年杭州市巩固创建国家环境保护模范城市工作良好单位：市钱江新城
管委会（指挥部）

ж 2003—2004 年度市级机关先进工会集体：市钱江新城指挥部工会

ж 2003—2004 年度市直机关先进基层党组织：市钱江新城管委会第三党支部

ж 2004 年度市建委宣传思想工作竞赛优胜流动红旗单位：市钱江新城管委会

ж 2003—2004 年度上城区文明单位：市钱江新城管委会

2005 年

ж 杭州市 2005 年度生态建设和环境保护目标责任制考核先进集体：市钱江新
城指挥部

ж 2005 年社会治安综合治理先进单位：市钱江新城管委会

ж 市区"一纵三横"道路整治突出贡献单位：市钱江新城指挥部

ж 2005 年杭州市创建全国绿化模范城市优胜单位：市钱江新城管委会

ж 2005 年杭州市重点工程项目建设管理优胜部门：市钱江新城管委会

ж 市级机关首届反腐倡廉辩论赛优胜奖：市钱江新城管委会代表队

ж 杭州市"姐妹帮扶工程"先进单位：市钱江新城指挥部机关妇委会

ж 2005 年度杭州市党建带工建"三级联创"先进基层工会（先进职工之家）：
市钱江新城管委会工会

ж 2005 年度创建学习型机关先进单位：市钱江新城管委会

2006 年

ж 2006 年"机关文化体育年"活动先进集体：市钱江新城管委会纪委（监
察室）

ж 2006 年度杭州市招商引资工作目标考核先进单位：市钱江新城管委会

ж 2004—2006 年度执法监察工作先进集体：市钱江新城管委会纪委（监
察室）

ж 2005—2006 年度杭州市先进女职工集体：市钱江新城管委会工会女职工委

员会

※ 2006 年度生态建设与环境保护目标责任制考核结果先进集体：市钱江新城指挥部

※ 杭州市帮扶工作先进集体：市钱江新城指挥部

※ 2006 年杭州市重点工程项目建设管理优胜部门优质服务单位先进集体：市钱江新城指挥部

※ 2005—2006 年度市级机关先进工会集体：市钱江新城建设指挥部工会委员会

※ 杭州市区五纵六路道路综合整治工程先进集体：市钱江新城指挥部

※ 2006 年度创建学习型机关先进单位：市钱江新城管委会

※ 2005—2006 年度市直机关先进基层党组织：市钱江新城建设管委会机关党委

※ 2006 杭州市帮扶工作先进集体：钱江新城

2007 年

※ 2006—2007 年度市级文明机关：市钱江新城管委会（市钱江新城指挥部）

※ 2007 年度市直单位综合考评工作先进单位：市钱江新城管委会（市钱江新城指挥部）

※ 2007 项目推进年活动"管理优胜部门"：市钱江新城管委会（市钱江新城指挥部）

※ 2007 年度全市招商引资工作目标考核先进单位：市钱江新城管委会

※ 2007 年度市直机关"五好支部"：市钱江新城建设管委会第一、第五党支部

※ 2006—2007 年度市级机关巾帼文明岗：钱江新城管委会财务管理处

※ 2007 年度档案工作目标管理市级认定单位：杭州市钱江新城建设管委会

※ 2007 年度杭州市生态建设与环境保护目标责任制考核良好单位：市钱江新城建设指挥部

※ 2006—2007 年度市重点工程项目劳动竞赛先进集体：杭州市钱江新城建设

管委会工会

2008 年

- ӝ 2007—2008 年度先进基层党组织：市钱江新城管委会机关第五党支部
- ӝ 2008 年度市直机关"五好支部"：市钱江新城管委会机关第二、第三党支部
- ӝ 2008 年度杭州市"联百乡、结千村、帮万户"活动先进基层党组织：杭州市钱江新城建设管委会机关党委
- ӝ 2007—2008 年度建委系统先进基层党组织：市钱江新城管委会机关第五党支部委员会
- ӝ 2008 年度杭州市国内招商引资工作目标责任制考核先进单位：钱江新城
- ӝ 2008 年度项目推进年活动先进单位：钱江新城、东站指挥部
- ӝ 2008 年市政府为民办实事工作先进单位：钱江新城管委会
- ӝ 2018 年度杭州市直属机关"五好"党支部：市钱江新城管委会机关第一、第五党支部
- ӝ 杭州市改革开放 30 年最具影响力 10 件大事：钱江新城
- ӝ 2007—2008 年度杭州市先进女职工组织：钱江新城工会女职工委员会
- ӝ 2007—2008 年度市级机关"五好"基层组织：钱江新城机关妇委会
- ӝ 2008 年度杭州市政务接待工作先进集体：钱江新城办公室
- ӝ 2008 年度全市招商引资工作目标考核先进单位：钱江新城
- ӝ 2008 年度城中村改造和拆迁安置房工作先进集体：钱江新城
- ӝ 2008 年庭院改善工程最佳配合单位：钱江新城
- ӝ 杭州市"春风行动"特别贡献单位：杭州市钱江新城建设开发有限公司（杭州市钱江新城建设管理委员会）
- ӝ 钱江新城核心区建设开放先进集体：市钱江新城管委会
- ӝ 第十届中国杭州西湖国际博览会特别贡献奖：钱江新城

2009 年

- ӝ 2009 年度浙江省重点建设立功竞赛先进集体：东站枢纽指挥部

※ 2009 年度杭州市先进基层妇女组织：钱江新城机关妇委会

※ 2009 年度杭州市建设系统纪检监察先进集体：市纪委驻市城管行政执法局
纪检组监察室

※ 2009 年度杭州市"巾帼文明岗"：钱江新城财务管理处

※ 2009 年度全市国内招商引资工作考核先进单位：钱江新城招商处

※ 2009 年度城市河道长效管理工作先进集体：钱江新城

※ 2009 年度项目推进年活动管理优胜部门：钱江新城含东站指挥部

※ 2009 年度市直机关"五好"党支部：市钱江新城管委会机关第二、三党
支部

※ 2009 年度党建带工建"模范职工之家"：钱江新城管委会工会

※ 江干区教育布局调整工作贡献奖：钱江新城

※ 2009 年度杭州市政务接待工作先进单位：钱江新城办公室

※ 2009 杭州生活品质展评会"金城标体验点"：青少年活动中心（Do 都城）

※ 2009 年度市域网络化大都市和新城及城市综合体建设工作先进单位：钱江
新城

※ 创建国家森林城市先进集体优胜单位：钱江新城

※ 2009 年度城中村改造和拆迁安置房工作先进单位：市钱江新城管委会（杭
州铁路及东站枢纽建设指挥部）

※ 第六届中国国际动漫节先进集体：钱江新城

※ 杭州市"春风行动"特别贡献奖单位：钱江新城

※ 2009 年度杭州市社区共建十佳先进单位：钱江新城

※ 第十一届中国杭州西湖国际博览会杰出贡献奖：钱江新城

※ 2009 年度全市党委系统信息工作和市委办公厅社情民意直报点信息报送先
进单位：钱江新城

2010 年

※ 2010 年度全市国内招商引资工作考核先进单位：钱江新城招商处

※ 杭州市妇女工作先进集体：钱江新城机关妇委会

ж 2009—2010 年度建委系统先进基层党组织：市钱江新城管委会机关第四党
支部

ж 2010 年度杭州市建设工程围挡美化大行动优秀组织单位：钱江新城

ж 2010 年市政府为民办实事工作先进单位：钱江新城责任单位

ж 2010 年度数字城管工作先进集体：钱江新城

ж 2009—2010 年度市直机关先进基层党组织：市钱江新城管委会机关第三党
支部

ж 2009—2010 年度创建学习型机关先进单位：钱江新城

ж 市级机关首批"五好基层组织"：钱江新城管委会机关妇委会

ж 2010 年度市直单位综合考评工作先进单位：钱江新城

ж 2010 年度市域网络化大都市和新城、城市综合体推进工作先进单位：钱江
新城

ж 2010 年度维护稳定工作先进单位：市民中心

ж 2010 年度社会治安综合治理工作达标单位：钱江新城

ж 2009—2010 年度"联乡结村"共建活动先进集体：钱江新城

ж 2010 年度全市党委系统信息工作和市委办公厅社情民意直报点信息报送先
进单位：钱江新城

ж 杭州市第十一次"春风行动"爱心奖单位：钱江新城

ж 浙江省妇联基层组织建设示范单位：杭州市钱江新城管委会妇委会

ж 浙江省重点建设立功竞赛先进集体：东站

ж 浙江省沪杭客专建设先进集体：东站

2011 年

ж "读史明志"征文活动优秀组织奖：钱江新城管委会

ж 第十二次"春风行动"爱心奖表彰：钱江新城管委会

ж 2011 年创建文明工地先进单位：钱江新城

ж 2011 年度《杭州建设》优秀组稿单位：钱江新城

ж 2011 年度投资及重点项目建设管理优胜部门：钱江新城

※ 2011 年度数字城管工作先进集体：市钱江新城管委会

※ 2011 年度杭州市政务接待工作先进集体：钱江新城办公室

※ 2011 年度全市农办（统筹办）系统先进单位：钱江新城统筹办

※ 2011 年度杭州市区道路及公共停车场（库）建设道路先进集体：钱江新城、东站指挥部；公共停车场（库）先进集体：钱江新城

※ 2011 年度维稳工作先进单位：市钱江新城管委会

※ 2011 年度市域网络化大都市和新城、城市综合体推进工作先进集体：钱江新城管委会

※ 2011 年度维稳工作先进单位：新城管委会

※ 2011 年度城乡区域统筹发展（新农村建设）优胜单位、区县（市）协作贡献奖：钱江新城

※ 2011 年度杭州市信访和"12345"工作先进单位：钱江新城

※ 杭州市国家卫生城市复评工作先进集体：钱江新城

※ 2011 年度社会治安综合治理工作先进单位：钱江新城管委会

※ 2011 年度"联乡结村"活动先进集体：杭州市钱江新城建设管委会

※ 2011 年度城市建设工作考核先进单位：钱江新城建设指挥部、杭州铁路及东站枢纽建设指挥部

※ 2011 年度全市党委系统信息工作和市委办公厅社情民意直报点信息报送先进单位：市钱江新城管委会

※ 2011 年度市直机关"五好"党支部：市钱江新城管委会机关第二党支部

2012 年

※ 2012 年档案年检优秀单位：市钱江新城管委会

※ 第三批"浙江省规范化数字档案室"：市钱江新城管委会

※ 2012 年度杭州市区河道综保工程优秀单位：市钱江新城管委会

※ 第十三次"春风行动"爱心奖：市钱江新城管委会

※ 2012 年度全市国内招商引资工作考核先进单位：钱江新城管委会招商处

※ 2012 年度投资及重点项目管理优胜部门：钱江新城管委会

※ 2012 年度杭州市道路建设工作考核优秀单位：市钱江新城管委会

※ 2012 年市政府为民办实事工作先进单位：市钱江新城管委会

※ 2012 年度杭州市数字城管工作考核优秀单位：市钱江新城指挥部

※ 2012 年度杭州市城市河道长效管理考核最佳协同单位：市钱江新城管委会

※ 2012 年度社会管理综合治理和维护稳定工作先进单位：钱江新城管委会

※ 2012 年度全市城乡区域统筹发展（新农村建设）工作优胜单位、区县（市）协作贡献奖：钱江新城管委会

2013 年

※ 2013 年档案年检优秀单位：市钱江新城管委会

※ 2011—2013 年杭州市内部审计先进单位：钱江新城管委会审价（计财）处

※ 2013 年度投资和重点项目管理优胜部门：钱江新城管委会；先进集体：奥体指挥部

※ 2013 年度市政府为民办实事项目考核先进单位：钱江新城管委会

※ 2013 年度市直机关五星级基层党组织：钱江新城管委会机关党委

※ 2013 年度社会主义新农村建设（城乡区域统筹发展）工作考核优胜单位、区县（市）协作贡献单位：市钱江新城管委会

※ 2013 年度全市党委系统信息工作考核三等奖：钱江新城管委会

※ 2013 年度省重点建设立功竞赛先进集体：奥体指挥部

2014 年

※ 2014 年度杭州市建设系统安全生产（防火）目标责任制考核良好单位：钱江新城管委会

※ 2014 年度全市国内招商引资工作考核先进单位：杭州市钱江新城管委会招商处

※ 2014 年度市直机关五星级基层党组织：市钱江新城管委会第二党支部

※ 2013—2014 年度市直机关先进基层党组织：钱江新城管委会机关党委

※ 2014 年杭州市治理城市交通拥堵工作先进单位：钱江新城管委会

2015 年

- 2015 年档案信息化先进单位：市钱江新城管委会

- 2015 年度投资及重点项目管理优胜部门：杭州市钱江新城建设管理委员会；先进集体：杭州市钱江新城建设指挥部

- 百佳党员固定活动日案例：杭州市钱江新城管委会机关党委

- 2015 年度全市党委系统信息工作先进单位：市钱江新城管委会

- 2015 年度平安综治维稳综合考核结果和表彰维稳工作先进集体：杭州铁路及东站枢纽建设指挥部

2016 年

- 浙江省五一劳动奖状：市钱江新城建设管委会

- 浙江省工人先锋号：市钱江新城建设管委会核心区综合整治项目组

- "喜迎 G20·优礼杭州人"杭州市窗口行业青年集体"便民服务示范岗"：钱江新城城市阳台（杭州钱塘江博物馆）

- 2016 年度《杭州建设》先进组稿单位：市钱江新城建设管委会

- 2015—2016 年度市直机关先进基层党组织：市钱江新城管委会机关党委

- 浙江省服务保障 G20 杭州峰会先进集体：市钱江新城建设管委会、杭州钱塘江博物馆（筹）

- G20 杭州峰会安保工作突出贡献的集体：杭州市钱江新城建设管委会

- 2016 年度市直机关"服务 G20、机关作表率"先进基层党组织：钱江新城管委会机关党委、市钱江新城管委会机关第二党支部

- 2016 年度市直机关先进团委：市钱江新城建设管委会团委

- 重点项目先进单位：市钱江新城建设管委会

- 杭州市最美建设集体：市钱江新城管委会工程建设管理处

- 杭州市工人先锋号：市钱江新城管委会核心区主题灯光项目组

- 2016 年度杭州市治理城市交通拥堵工作先进单位：钱江新城管委会

- 2016 年"春风行动"爱心奖和通报表扬先进单位：钱江新城建设管理委员会

2017 年

⋇ 2017 年度杭州市城中村改造工作优胜集体：市钱江新城管委会

⋇ 杭州市机关党员志愿服务先进集体：杭州钱塘江博物馆（钱江新城城市阳台展厅）志愿服务队

⋇ 2016 年度杭州市级青年文明号：杭州钱江新城城市阳台（杭州钱塘江博物馆）

⋇ 杭州市 2017 年"春风行动"爱心奖和通报表扬先进单位：市钱江新城建设管理委员会

⋇ 杭州市最美建设集体提名奖：市钱江新城管委会铁路投资建设处

⋇ 2017 年度杭州市治理城市交通拥堵工作先进单位：市钱江新城管委会

2018 年

⋇ 2018 年度杭州市城市基础设施建设先进单位：工程建设管理处

⋇ 杭州市"百千万"活动"调研之星"：市钱江新城管委会机关第一党支部

⋇ 杭州市机关优秀志愿服务集体：杭州钱塘江博物馆（杭州钱江新城城市阳台展厅志愿服务团队）

⋇ 2017—2018 年度市直机关先进基层党组织：市钱江新城管委会机关第一党支部

⋇ 2018 年度杭州市治理城市交通拥堵工作先进单位：钱江新城建设管委会

⋇ 首届杭州钱塘江文化节最佳合作单位：市钱江新城管委会

⋇ 2018 年度杭州市城中村改造工作优胜集体：市钱江新城管委会

⋇ 杭州市"百千万"双十佳评选活动实践创新奖：市钱江新城管委会

⋇ 杭州市"百千万"活动"破难之星"：综合管理和招商处（地政处）

2019 年

⋇ 2019 年杭州市重大基础设施建设工作考核优胜单位（建设主体类）：市钱江新城管委会

⋇ 2019 年度《杭州建设》先进组稿单位：市钱江新城管委会

⋇ 2019 年度"学习强国"杭州学习平台业绩突出供稿单位：市钱江新城管

委会

ж 2019 年度市直机关五星级基层党组织：市钱江新城管委会机关第二党支部

ж 2019 年度城市管理目标考核优胜单位：市钱江新城管委会

ж 2019 年度综合考评良好单位：市钱江新城管委会

ж 2019 年度先进和疫情防控工作先进基层团组织：杭州市钱江新城建设管委
　会团委

ж 2019 年度乡村振兴战略区县（市）协作贡献单位：市钱江新城管委会

ж 2019 年度杭州市海绵城市建设工作良好单位：杭州市钱江新城管委会

ж 2019 年度城市基础设施建设工作行政嘉奖集体：杭州博奥隧道建设指挥部

ж 2019 年最美绿道建设集体：规划设计处

ж 2013—2020 年美丽杭州建设突出贡献集体：综合管理和招商处（地政处）

2. 项目荣誉

2004 年

ж 2004 年度杭州市建设工程"西湖杯"奖（杭州市富春江路四标工程（新安
　江路—灵江路））：市钱江新城指挥部

ж 2003—2004 年度杭州市优秀先锋工程：解放路延伸工程

2005 年

ж 2005 年"中联重科杯"华夏建设科学技术二等奖：市钱江新城指挥部

ж 2005 年全国十大建设科技成就：杭州大剧院工程建设指挥部

ж "十五"期间杭州市建设系统重大建设科技成就：杭州大剧院工程

ж 2005 年杭州市城区园林绿化优秀工程一等奖：钱江新城森林公园（1#、
　2#）；三等奖：新塘河（清江路—望江路）绿化

ж 2005 年度杭州市建筑工程"西湖杯"奖：杭州大剧院工程

2007 年

ж 2007 年度全国"市政金杯示范工程"：钱江新城

ж 2007 年度杭州市建设工程"西湖杯"奖（市政基础设施工程）：城市阳台

之江路地下通道及管廊工程一标段、钱江路地下通道工程

2008 年

ж 2008 年度国家优质工程银质奖：杭州大剧院

ж 2008 年度杭州市城区优秀化工程：钱江新城

2009 年

ж 2009 年度杭州市建设工程"西湖杯"奖（市政基础设施工程）：杭州市钱
江新城城市主阳台

2011 年

ж 2011 年度杭州市区最佳公园：市民公园

ж 2011 年度杭州市区支路建设样板工程二等奖：新井路（环站西路—新风
路）整治工程、埠四路（下宁路—二号港）整治工程

2012 年

ж "世界屋顶绿化最佳示范区金奖"称号：钱江新城

3. 个人荣誉

2002 年

ж 2002 年度市直机关优秀共产党员：郦仲华

ж 2002 年市区道路建设两年大会战先进个人：黄锡刚、陈张林、敖敏霞、余
跃天、石祖尧、茹文

ж 2002 年度杭州市信访工作先进个人：方永斌

2003 年

ж 2003 年市区道路建设两年大会战建设功臣：施永林、茹文

ж 2003 年市区道路建设两年大会战先进个人：石祖尧、俞顺年、葛春杰、黄
加富、褚梦琪、余跃天、郦仲华、宓挺

ж 2003 年度杭州市重点项目建设先进个人：董天乐、鲁美霞

ж 2003 年度杭州市绿化积极分子：徐良英、敖敏霞、陈一民、孙卫军

2004 年

ж 2003—2004 年度市直机关优秀共产党员：俞顺年

ж 2003—2004 年度市直机关优秀党务工作者：郦仲华

ж 2003—2004 年度市级机关先进工会工作者：王光荣

ж 2003—2004 年度建委系统优秀党务工作者：郦仲华

ж 2003—2004 年度市级机关优秀工会积极分子：葛春杰

ж 2004 年杭州市重点工程项目建设管理先进个人：王南翔、陈金友

ж 2004 年度优秀宣传思想工作者：郦仲华

ж 杭州市帮扶活动先进工作者：敖敏霞

ж 杭州市先进统计工作者：敖敏霞

ж 2004 年杭州市巩固创建国家环境保护模范城市工作先进个人：陈一民

ж 第六届（2004）中国杭州西湖博览会先进个人：方永斌、俞顺年

ж 2004 年度杭州市绿化积极分子：茹文、许永豪

2005 年

ж 2005 年"中联重科杯"华夏建设科学技术奖：董天乐、陈金友

ж 2005 年度杭州市生态建设和环境保护目标责任制考核先进个人：茹文、张
利群（挂职干部）

ж 杭州市市区"一纵三横"道理综合整治工程先进个人：茹文、董天乐

ж 2005 年杭州市创建全国绿化模范城市先进工作者：郭鲁军、许永豪

ж 2005 年杭州市重点工程项目建设管理先进个人：金澜、孙卫军

ж 2005 年度杭州市绿化积极分子：敖敏霞、俞小未、许永豪、薛劲松

ж 2005 年度市直机关创建学习型机关先进个人：戎素娟

2006 年

ж 2004—2006 年度杭州市执法监察工作先进个人：郦仲华

ж 2005—2006 年度市级机关工会职工先进女职工工作者：敖敏霞

ж 2005—2006 年度市级机关工会职工优秀女职工之友：郦仲华

ж 2005—2006 年度市级机关工会先进个人：吴玉兰

ж 2005—2006 年市直机关优秀共产党员：陈一民

ж 2005—2006 年市直机关优秀党务工作者：郦仲华

ж 2006 年度创建学习型机关先进个人：方永斌

ж 2006 年杭州市背街小巷改善工程先进个人：吴伟

ж 杭州市帮扶工作先进个人：杨营营

ж 2006 年市重点工程项目建设管理优胜部门优质服务单位先进个人：茹文、黄锡刚

2007 年

ж 浙江省重点建设立功竞赛先进个人：郑珊瑚、郦仲华

ж 杭州市帮扶工作先进个人：杨营营

ж 2007 年度杭州市优秀基层妇女干部：敖敏霞

ж 2007 年杭州市项目推进年活动"先进个人"：施永林、石祖尧

ж 2007 年度杭州市生态建设与环境保护工作先进个人：赵鹏力

ж 2007 年度杭州市区保障性住房工作先进个人：施永林

2008 年

ж 第三届浙江省优秀总会计师：郑珊瑚

ж 2007—2008 年度市直机关优秀党务工作者：郑萍

ж 2007—2008 年度市直机关优秀共产党员：郦仲华

ж 2007—2008 年度建委系统优秀共产党员：敖敏霞

ж 2007—2008 年度建委系统优秀党务工作者：郑萍

ж 2008 年杭州市抗雪救灾先进个人：沈辛根、郭鲁军

ж 2008 年杭州市先进会计工作者：郑珊瑚

ж 2008 年度杭州市绿化积极分子：金澜

ж 2008 年度杭州市项目推进年活动先进个人：郦仲华、黄锡刚、骆光辉、郭鲁军

ж 2008 年度杭州市政务接待工作先进个人：沈方凌

ж 2008 年度杭州市城中村改造和拆迁安置房工作先进个人：石祖尧、钱凌、

孙卫军、金礼桥、吴伟

⚹ 杭州市钱江新城核心区建设开放先进个人：杨营营、施永林、黄昊明、尹序源等 111 人

⚹ 杭州市第十届中国杭州西湖国际博览会先进个人：宓挺

⚹ 2007—2008 年度杭州市"万名党员干部结对帮扶万户城乡困难家庭"活动先进个人：郑萍

2009 年

⚹ 2009 年度杭州市"十杰百优"青年岗位能手：朱晓群

⚹ 2009 年度杭州市城市河道长效管理工作先进个人：王国平

⚹ 2009 年度杭州市绿化先进个人：俞小末、徐良英、申屠木军、薛劲松、沈幸根

⚹ 2009 年度杭州市项目推进年活动先进个人：胡一飞、黄锡刚、翁渭英、郦仲华

⚹ 2009 年度杭州市城区防汛防台工作先进个人：戴兴法

⚹ 2009 年度杭州市政务接待工作先进个人：沈方凌

⚹ 2009 年度杭州市域网络化大都市和新城及城市综合体建设工作先进个人：郭鲁军、敖敏霞、骆光辉

⚹ 杭州市创建国家森林城市先进工作者：俞顺年、李强

⚹ 2009 年度杭州市生态建设与环境保护目标责任制考核先进个人：赵鹏力

⚹ 2009 年度杭州市城中村改造和拆迁安置房工作先进个人：朱忆昔、孙幼幼、林琳、黄向农、金礼桥、胡康虎、金祎、钱征宇

⚹ 杭州市第六届中国国际动漫节先进个人：蔡亮光、陈金友

⚹ 杭州市第十一届中国杭州西湖国际博览会先进个人：应国锋

⚹ 2009 年度杭州市社会主义新农村建设先进个人：方永斌

⚹ 2009 年度杭州市信访和"12345"工作先进个人：马玉龙

⚹ 2009 年度杭州市社会治安综合治理先进个人：郑萍

⚹ 2009 年杭州市建设系统勤政廉政好公仆：郦仲华

※ 2009 年党风廉政建设先进工作者：方永斌

※ 2009 年纪检监察先进工作者：朱忆昔

※ 2009 年市直机关创建学习型机关先进个人：石晓波

2010 年

※ 浙江省重点建设立功竞赛先进个人：孙幼幼、郦仲华

※ 浙江省沪杭客专建设先进个人：李伟东、朱晓群、翁渭英、潘凌虹

※ 2010 年杭州市科技进步奖一等奖：尹序源、黄锡刚、高峻、徐良英

※ 2010 年度杭州市政务接待工作先进个人：沈方凌

※ 2010 年度杭州市区夜景亮灯工程考核先进个人：石晓波、陈张林、陈伟、朱亚平、李建辉、陆琳莉

※ 2010 年度杭州市城区防汛防台工作先进个人：谢振华

※ 2010 年度杭州市城区抗雪防冻工作先进个人：马玉龙

※ 2010 年度杭州市投资及重点建设项目推进工作先进个人：陈金友、黄锡刚、王翼飞、陈张林

※ 2010 年度杭州市数字城管工作先进个人：石晓波

※ 沪杭客专浙江段征地拆迁先进个人：许柯

※ 杭州市纪检监察系统先进工作者：申屠木军

※ 2010 年度杭州市生态建设与环境保护先进个人：余根洪

※ 2010 年度杭州市城中村改造和拆迁安置房建设先进个人：朱忆昔、陈鑫、张宏斌、魏强、韩庆锋、李桄

※ 2010 年度杭州市域网络化大都市和新城、城市综合体推进工作先进个人：杨正民、陈松

※ 2010 年度杭州市维护稳定工作先进个人：陈一民

※ 2010 年度杭州市社会治安综合治理工作先进个人：应国锋

※ 2009—2010 年度建委系统优秀党员：陈金友

※ 2009—2010 年度建委系统优秀党务工作者：孙卫军

※ 2009—2010 年度建委系统城建先锋：陈金友

※ 2010 年度杭州市区夜景亮灯工程考核先进个人：石晓波、陈张林、陈伟、朱亚平、李建辉、陆琳莉

※ 2009—2010 年度市直机关优秀党员：谢晓芳、郭鲁军

※ 2009—2010 年度市直机关优秀党务工作者：宓挺

※ 2009—2010 年度市直机关创建学习型机关先进个人：宓挺

2011 年

※ 2011 年度全省重点建设立功竞赛先进个人：王光荣

※ 2011 年杭州市城区抗雪防冻工作先进个人：俞小未

※ 2011 年度杭州市绿化先进个人：忻蕾、薛劲松

※ 2011 年度杭州市投资及重点项目建设先进个人：敖敏霞、王晶、陈鑫、胡康虎

※ 2011 年度杭州市数字城管工作先进个人：石晓波

※ 2011 年度杭州市政务接待工作先进个人：沈方凌

※ 2011 年度杭州市区道路及公共停车场（库）建设先进道路个人：何山、褚梦琪、王国平；先进停车场个人：陈金友

※ 2011 年度杭州市域网络化大都市和新城、城市综合体推进工作先进个人：王一波、骆祎、黄锡刚、斯泽飞、金礼桥

※ 2011 年度杭州市拆迁安置房、公共租赁住房、人才专项用房建设工作先进个人：郭鲁军、应宏文、胡一心、翁渭英、王翼飞、朱立颖

※ 2011 年度杭州市农村住房改造建设工作先进个人：朱忆昔

※ 2011 年度杭州市生态建设与环境保护目标责任制考核先进个人：沈辛根

※ 2011 年度杭州市维稳工作先进个人：马玉龙

※ 2007—2011 年杭州市"万名党员干部结对帮扶万户城乡困难家庭"活动先进个人：方永斌

※ 2011 年度杭州市信访和"12345"工作先进个人：蒋建新

※ 2011 年度杭州市社会治安综合治理工作先进个人：来盾矛

※ 2011 年度创先争优优秀共产党员：俞卓君

※ 2011 年度创先争优优秀党务工作者：宓挺

2012 年

※ 2012 年度省重点建设立功竞赛先进个人：黄锡刚

※ 2012 年度杭州市政务接待工作先进个人：沈方凌

※ 2012 年度杭州市绿化先进个人：陈伟、许永豪、胡响阳

※ 2011—2012 年度杭州市妇女工作先进个人：敖敏霞

※ 2012 年度杭州市区公共停车场（库）建设工作优秀个人：吴伟、张伟

※ 2012 年度杭州市保障性安居工程建设管理工作优秀个人：石晓波、戴兴法、金祎、王永进、褚梦琪

※ 2012 年度杭州市道路建设工作优秀个人：郭鲁军、金澜、何小龙

※ 2012 年度投资及重点项目建设先进个人：徐良英、陈金友、俞顺年、陈一民

※ 2012 年度社会管理综合治理和维护稳定工作先进个人：丁守中

2013 年

※ 2013 年度杭州市数字城管工作先进个人：黄晔

※ 2012—2013 年度市级机关工会优秀工会积极分子：王国英

※ 2013 年度杭州市投资和重点项目建设先进个人：来盾矛、王翼飞、许永豪、俞顺年

2014 年

※ 2013—2014 年度市直机关优秀共产党员：王国平、褚梦琪

※ 2013—2014 年度市直机关优秀党务工作者：石晓波

※ 2014 年度省重点建设立功竞赛先进个人：宁自华

※ 2014 年度市级机关优秀工会干部：马玉龙

※ 2014 年度市级机关优秀工会积极分子：赵燕

※ 2014 年杭州市治理城市交通拥堵工作先进个人：鲁美霞

2015 年

※ 2015 年度杭州市投资及重点项目先进个人：翁渭英、郑萍

※ 杭州市第十二届中国国际动漫节先进个人：金澜

※ 2015 年度杭州市综治维稳工作先进个人：谢振华、王国平

2016 年

※ 浙江省服务保障 G20 杭州峰会先进个人：吴伟、林琳、俞顺年、郑萍、陈伟、王国平、陈国庆、李飞孟、黄礼峰、陈磊晶、俞俊男、王世冲、卢彤、俞仲凯、张琪、应宏文、许柯、敖敏霞、宁自华、陈伟（博）

※ 2015—2016 年度市直机关优秀共产党员：许柯、黄礼峰

※ 2015—2016 年度市直机关优秀党务工作者：林琳

※ 2016 年度市直机关"服务 G20、机关作表率"先锋党员：俞顺年、敖敏霞、王世冲、李飞孟、宁自华

※ 2016 年度市直机关优秀团干部：倪舒娴

※ 2016 年度杭州市重点项目征迁安置"双清"暨做地质量年专项行动嘉奖：钱凌

※ 2016 年度杭州市政务信息工作先进个人：丁瑾

※ 2016 年度杭州市平安工作先进个人：沈方凌

※ 杭州市第十三届中国国际动漫节先进个人：沈方凌

※ 杭州市劳动模范：俞顺年

※ 杭州市五一劳动奖章：郑萍、卢彤

※ 杭州市服务保障 G20 杭州峰会先进个人：褚梦琪、谢振华、鲁美霞、陈炜、丁瑾、尉康苗、傅紫薇、唐宏涛、忻蕾、卢于明、刘佳

※ 杭州市绿化积极分子：王国平、陈伟、应宏文

※ 杭州市重点项目先进个人：赵燕

※ 杭州市户外广告整治工作先进个人：傅紫薇

2017 年

※ 2017 年度杭州市"百千万"活动先进个人：唐宏涛、张烈

※ 2017 年度杭州市城中村改造工作先进个人：马玉龙、褚梦琪、杨正民

※ 杭州市第十四届中国国际动漫节先进个人：袁立山

ж 杭州市绿化积极分子：卢于明、应宏文、陈松

ж 2017 年度杭州市扩大有效投资推进重点项目建设行政嘉奖：应宏文、俞仲凯

ж 2017 年度杭州市治理城市交通拥堵工作先进个人：王世冲

ж 2017 年度杭州市海绵城市建设工作"海绵之星"：陈伟

ж 2017 年度杭州市"剿灭劣 V 类水"先进个人：唐宏涛

ж 杭州市十九大维稳安保先进个人：沈方凌

2018 年

ж 新时代浙江省"千名好支书"：林琳

ж 浙江省委、省政府"千万工程"和美丽浙江通报表扬个人：俞俊男

ж 杭州市"百千万"活动"调研之星"：周妙莹；"破难之星"：林琳

ж 2017—2018 年度市直机关优秀共产党员：俞俊男

ж 2017—2018 年度市直机关优秀党务工作者：石晓波

ж 2018 年度杭州市城市基础设施建设先进个人：吴伟

ж 2018 年度杭州市"城中村"改造先进个人：杨正民

ж 2018 年度杭州市治理城市交通拥堵工作先进个人：李雁菲

ж 2018 年度杭州市"五水共治"（河长制）工作先进个人：卢彤

ж 2018 年度杭州市城中村改造工作先进个人：唐宏涛、沈方凌

2019 年

ж 2019 年度"党建双强双优"市直机关"最强领头雁"：吴伟

ж 2019 年度市直机关"最优排头兵"：丁瑾、张远林

ж 2019 年度杭州市城中村改造工作先进个人：郑萍、戴维涛

ж 2019 年度市直机关优秀共产党员：马玉龙、郑怡

ж 2019 年度杭州市优秀共青团干部：黄礼峰

ж 2019 年市直机关"战疫"青年先锋：李雁菲

ж 2019 年度杭州市最美绿道建设人：朱建宏

ж 2019 年度杭州市海绵城市建设工作先进个人：卢于明

※ 2019 年度扩大有效投资推进重点项目工作嘉奖：忻蕾、李雁菲、周翔

※ 2019 年度城乡建设工作个人嘉奖：俞仲凯、陈炜、周妙莹

※ 良渚古城遗址申遗有功个人：俞顺年

2020 年

※ 2013—2020 年美丽杭州建设突出贡献个人：王佳琪

※ 2020 年度杭州市优秀共产党员：郑萍

※ 2020 年度市直机关优秀党务工作者：石晓波

※ 2020 年度"党建双强双优"市直机关"最强领头雁"：林琳

※ 2020 年度"党建双强双优"市直机关"最优排头兵"：施旭青

※ 2020 年度杭州市"最美建设人"提名：傅紫薇

※ 2020 年度杭州市最美绿道建设人：朱建宏

※ 2020 年度杭州市拥江发展行动推进工作个人嘉奖：丁瑾、刘佳、李雁菲、
徐悦、闻礼双、翁渭英

※ 2020 年度杭州市治理城市交通拥堵工作先进个人：俞俊男

※ 良渚古城遗址申遗工作先进个人嘉奖：俞顺年

※ 杭州市乡村振兴（城乡区域统筹发展）工作成绩突出个人：许柯

9.3.2 管委会荣誉

1. 年度考核优秀等次

※ 2001 年度考核优秀工作人员：石祖尧、宣炳海、茹文、王高帆

※ 2002 年度考核优秀工作人员：俞小未、俞顺年、宓挺、黄加富、褚梦琪、
林琳

※ 2003 年度考核优秀工作人员：孙幼幼、董振刚、石祖尧、吴伟、郑萍、陈
张林、鲁美霞

※ 2004 年度考核优秀工作人员：宓挺、宣炳海、陈红、石晓波、戎素娟、黄
加富、陈炜

※ 2005 年度考核优秀工作人员：潘琳、宓挺、陈红、宣炳海、葛春杰、戎素

娟、吴伟、陆琳莉

※ 2006 年度考核优秀工作人员：宓挺、郑珊瑚、陈一民、俞顺年、戎素娟、敖敏霞、林琳、王洁娴

※ 2007 年度考核优秀工作人员：茹文、黄锡刚、褚梦琪、陈伟、方永斌、金澜、林琳

※ 2008 年度考核优秀工作人员：宓挺、石晓波、谢晓芳、来盾矛、鲁美霞、徐良英、陈伟

※ 2009 年度考核优秀工作人员：郭鲁军、马玉龙、骆祎、王一波、谢晓芳、王国平、潘玲

※ 2010 年度考核优秀工作人员：沈方凌、谢晓芳、骆祎、王国平、鲁美霞、朱晓群、郭鲁军、俞顺年

※ 2011 年度考核优秀工作人员：阮玉东、蔡宏伟、黄冰、陈张林、钱凌、王晶、石晓波、方永斌

※ 2012 年度考核优秀工作人员：马玉龙、王国平、朱晓群、忻蕾、应宏文、张小波、郑珊瑚、黄锡刚

※ 2013 年度考核优秀工作人员：王晶、卢于明、张烈、林琳、鲁美霞、郭鲁军、黄锡刚

※ 2014 年度考核优秀工作人员：马玉龙、俞仲凯、陈松、王世冲、应宏文、宁自华

※ 2015 年度考核优秀工作人员：俞仲凯、陈伟、俞顺年、王世冲、郑萍、沈方凌、宁自华

※ 2015 年度克难攻坚奖：许柯

※ 2015 年度为民务实奖：林琳

※ 2015 年度协作配合奖：丁瑾

※ 2016 年度考核优秀工作人员：谢振华、石晓波、翁渭英、张琪、俞俊男、钱凌、王世冲、应宏文、陈一民、袁淼

※ 2017 年度考核优秀工作人员：王佳琪、谢晓芳、张琪、卢于明、钱凌、卢

彤、徐悦、尉康苗（挂职）、刘刚（挂职）

※ 2018 年度考核优秀工作人员：俞俊男、丁瑾、张烈、李飞孟、张琪、卢彤、许柯、张丽泉（挂职）

※ 2018 年度拥江发展行动先进个人：徐悦、赵燕、陈伟

※ 2018 年度审价攻坚先进个人：俞仲凯、鲁美霞、马玉龙

※ 2018 年度城中村改造先进个人：杨正民、沈方凌

※ 2018 年度"百千万"蹲点调研先进个人：褚梦琪

※ 2019 年度考核优秀工作人员：施旭青、丁瑾、刘佳、张烈、俞仲凯、俞俊男、沈方凌

※ 2019 年度拥江发展行动先进个人：陈松、朱益强、袁淼

※ 2020 年度考核优秀工作人员：方永斌、倪舒娴、卢彤、陈松、杨正民、陈磊晶、王佳琪、陈小雪、戴维涛、袁淼

※ 2020 年度"两战全胜"先进个人：谢晓芳、周慧洁、郑怡、应宏文

2. 双争双评、两优一先

※ 机关党委 2002 年度先进党支部：第二党支部

※ 机关党委 2002 年度优秀共产党员：郦仲华、潘琳、孙幼幼、李伟东

※ 机关党委 2003 年度先进党支部：第一党支部

※ 机关党委 2003 年度优秀共产党员：郑珊瑚、俞小未、陈金友

※ 机关党委 2004 年度先进党组织：第三党支部

※ 机关党委 2004 年度优秀共产党员：林琳、石祖尧、王永进

※ 机关党委 2005 年度先进党支部：第三、第四党支部

※ 机关党委 2005 年度优秀共产党员：俞顺年、郑萍、石晓波、郑珊瑚、陈金友、黄冰、黄柏顺、孙萍萍

※ 机关党委 2005 年度优秀党务工作者：郦仲华、孙卫军

※ 机关党委 2006 年度先进党支部：第一、第二党支部

※ 机关党委 2006 年度优秀共产党员：谢振华、金祎、黄锡刚、石晓波、潘

琳、杨振华、吴隆、陈江明

ж 机关党委 2006 年度优秀党务工作者：郑萍、俞小未、孙卫军、郑斌全

ж 机关党委 2007 年度先进党支部：第二、第五党支部

ж 机关党委 2007 年度优秀共产党员：宓挺、孙卫军、谢晓芳、赵鹏力、王一波、徐良英、陈金友、魏强、杨旭

ж 机关党委 2007 年度优秀党务工作者：石晓波、郑萍、郑珊瑚、潘琳、郦仲华、傅荣昌

ж 机关党委 2008 年度先进党支部：第三、第五党支部

ж 机关党委 2008 年度优秀共产党员：马玉龙、赵峰、朱忆昔、黄锡刚、王一波、陈静、钱征宇、郭鲁军、金永玲

ж 机关党委 2008 年度优秀党务工作者：俞小未、郑珊瑚、方永斌、俞顺年、许永豪、王翼飞、钱丽华

ж 机关党委 2009 年度先进党支部：第三、第五党支部、挂职支部

ж 机关党委 2009 年度优秀共产党员：沈方凌、申屠木军、赵燕、黄加富、吴伟、胡康虎、杨震伟、陈金友、陈卫华、李建辉、徐晓钧

ж 机关党委 2009 年度优秀党务工作者：宓挺、石晓波、方永斌、徐良英、敖敏霞、郦仲华、陈伟、童海娜、陈陪根

ж 机关党委 2010 年度先进党支部：第一、第四党支部、挂职支部

ж 机关党委 2010 年度优秀共产党员：申屠木军、黄冰、阮玉东、忻蕾、陈伟、黄庆、吴芳、韩雄、陈金友、刘群、陈鑫、李明、应文越

ж 机关党委 2010 年度优秀党务工作者：宓挺、石晓波、林琳、郑珊瑚、敖敏霞、郦仲华、吴伟、孙卫军、童海娜、李胜军

ж 机关党委 2011 年度先进党支部：第一、第二党支部

ж 机关党委 2011 年度优秀共产党员：沈方凌、张小波、申屠木军、王国平、骆祎、王一波、黄锡刚、潘凌虹、刘东海、朱旭伟、胡一飞、朱淦林

ж 机关党委 2011 年度优秀党务工作者：宓挺、孙幼幼、林琳、郑珊瑚、敖敏霞、郦仲华、吴伟、孙卫军、陈卫华、潘星龙

※ 机关党委 2012 年度先进党支部：第一、第四党支部

※ 机关党委 2012 年度优秀共产党员：宁自华、王晶、王洁娴、张伟、谢晓芳、李沈飞、王莉、陈鑫、魏强、赵仕产、倪杭生、张荣林、沈孟捷、俞盛枫

※ 机关党委 2012 年度优秀党务工作者：孙幼幼、申屠木军、褚梦琪、敖敏霞、阮玉东、黄庆、童海娜、颜声树、陈琳、陈烨

※ 机关党委 2013 年度优秀共产党员：王晓刚、叶茜茜、宁自华、阮玉东、李黎、李建辉、吴琼、邹振华、余巧奇、沈孟捷、陈伟、周勇军、金梅、俞顺年、俞珉珉、翁渭英、斯泽飞

※ 机关党委 2013 年度优秀党务工作者：王一波、石晓波、许永豪、孙幼幼、吴琪、周雁、周慧洁、郑少午、骆祎、童海娜、褚梦琪、潘凌虹

※ 机关党委 2014 年度先进党支部：第一党支部

※ 机关党委 2014 年度优秀共产党员：郑萍、赵燕、敖敏霞、忻蕾、俞顺年、王国平

※ 机关党委 2014 年度优秀党务工作者：俞小未、沈方凌、褚梦琪、陈伟

※ 机关党委 2015 年度先锋党员：赵燕、李飞孟、石晓波、宁自华、俞顺年、王世冲

※ 机关党委 2016 年度五星级基层服务型党组织：第二党支部

※ 机关党委 2016 年度先锋党员：许柯、丁瑾、褚梦琪、黄礼峰、陈国庆、王世冲

※ 机关党委 2017 年度五星级基层党组织：第三党支部

※ 机关党委 2017 年度先锋党员：施旭青、赵燕、忻蕾、俞俊男、卢彤、沈方凌、陈一民

※ 机关党委 2017 年度优秀党务工作者：林琳、褚梦琪、谢振华、陈伟（规设处）

※ 2018 年度五星级基层党组织：第一党支部

※ 2018 年度优秀共产党员：单国凤、俞顺年、谢晓芳、翁渭英、敖敏霞、朱

益强、陈一民、周妙莹

※ 2018 年度优秀党务工作者：石晓波、谢振华、袁立山、王世冲、林琳

※ 2019 年度先进基层党组织：第二党支部

※ 2019 年度优秀党员（先锋党员）：徐悦、单国凤、张琪、袁立山、赵燕、王国平、陈伟、许柯

※ 2019 年度优秀党务工作者：黄礼峰、翁渭英、吴伟、林琳、谢晓芳

※ 2020 年度五星级党支部：第四党支部

※ 2020 年度优秀党员（先锋党员）：张远林、施旭青、傅紫薇、高丽琴、王世冲、俞顺年、张琪、周妙莹

※ 2020 年度优秀党务工作者：赵燕、单国凤、俞俊男、石晓波、王俞东

3. 工会和妇女工作积极分子

※ 2003 年度工会和妇女工作积极分子：李伟东、敖敏霞、葛春杰、林琳、王国英

※ 2004 年度工会工作积极分子：谢振华、来盾矛

※ 2004 年度工会和妇女工作积极分子：敖敏霞、黄冰、童海娜

※ 2005 年度工会和妇女工作积极分子：俞小未、吴玉兰、敖敏霞、王国英、牟军

※ 2006 年度工会和妇女工作积极分子：翁渭英、王国英、葛春杰、黄冰、赵燕、钱凌、徐良英

※ 2007 年度工会和妇女工作积极分子：敖敏霞、沈方凌、来盾矛、陈松、阮玉东、王国英、童海娜、陈鑫、郭俊涛、吴芳

※ 2008 年度工会和妇女工作积极分子：林琳、沈方凌、赵燕、忻蕾、王国英、李沈飞、童海娜、金礼桥、魏强、杨震伟

※ 2009 年度工会和妇女工作积极分子：林琳、阮玉东、鲁美霞、来盾矛、陈松、王国英、陈鑫、周达俊、郭俊涛、魏强、钱琪

※ 2010 年度工会和妇女工作积极分子：方永斌、谢振华、来盾矛、赵燕、王

国英、金礼桥、陈卫华、李沈飞、郭俊涛、魏强、王军

※ 2011 年度工会工作积极分子：朱晓群、张伟、丁守中、鲁美霞、陈松、童秋萍、许亮、程诗卉、童海娜、王国英、李强

※ 2011 年度妇女工作积极分子：谢晓芳、金倚剑

※ 2012 年度工会和妇女工作积极分子：王国英、方永斌、严初燕、余佳、沈方凌、陈松、陈卫华、金礼桥、赵燕、钱凌、韩雄、童秋萍

※ 2013 年度工会和妇女工作积极分子：王国平、王国英、许亮、苏嘉齐、吴铭、余佳、余新平、沈方凌、陈松、陈万里、陆琳莉、周丽娟、庞娇、倪丰萍、钱凌

※ 2014 年度工会工作积极分子：杨正民、张烈、刘飞焱、吴伟、刘刚、卢于明

※ 2014 年度妇女工作积极分子：翁渭英、谢晓芳

※ 2015 年度工会工作积极分子：黄礼峰、刘飞焱、张琪、卢于明、陈松、应宏文

※ 2015 年度妇委会工作积极分子：忻蕾、潘玲

※ 2016 年度优秀工会干部：俞仲恺、卢于明、陈松、杨正民

※ 2016 年度工会活动积极分子：李飞孟、尉康苗、张烈、刘刚、刘佳、徐悦

※ 2016 年度妇委会工作先进个人：赵燕、陈磊晶、忻蕾

※ 2017 年度优秀工会干部：陈松、刘飞焱

※ 2017 年度工会活动积极分子：张烈、俞仲凯、应宏文、杨正民、袁淼

※ 2017 年度妇委会工作先进个人：翁渭英、敖敏霞、丁瑾

※ 2018 年度优秀工会干部：刘飞焱、陈松、陈炜

※ 2018 年度工会活动积极分子：黄礼峰、施旭青、钱凌、刘佳

※ 2018 年度妇委会工作先进个人：王佳琪、忻蕾、李雁菲

※ 2019 年度优秀工会干部：谢振华、卢彤、刘飞焱

※ 2019 年度工会活动积极分子：傅紫薇、周妙莹、刘刚、倪舒娴

※ 2019 年度妇委会工作先进个人：石晓波、王佳琪、钱凌

4. 优秀共青团员

ж 2016 年度优秀共青团员：王佳琪、顾佳俊

ж 2017 年度优秀共青团员：陈磊晶、倪舒娴

ж 2018 年度优秀共青团干部：陈磊晶

ж 2018 年度优秀共青团员：赵凯凯

ж 2019 年度优秀共青团干部：陈磊晶

ж 2019 年度优秀共青团员：阮琨

5. 优秀处室

ж 2014 年度优秀处室：计划财务处、审价处、工程建设管理处

ж 2015 年度优秀处室：组织人事处、工程建设管理处、综合管理处（地政处）

ж 2016 年度优秀处室：组织人事处、工程建设管理处、综合管理处（地政处）

ж 2017 年度优秀处室：计划财务处、综合管理处（地政处）、杭州钱塘江博物馆（筹）

ж 2018 年度优秀处室：办公室、工程建设管理处、综合管理和招商处（地政处）

ж 2019 年度优秀处室：组织人事处（机关党委）、审计财务处、规划设计处

ж 2020 年度优秀处室：发展研究室、计划管理处、生态文化保护处

6. 其他荣誉

ж 2015 年度克难攻坚奖：许柯

ж 2015 年度为民务实奖：林琳

ж 2015 年度协作配合奖：丁瑾

ж 2018 年度拥江发展行动先进个人：徐悦、赵燕、陈伟

ж 2018 年度审价攻坚先进个人：俞仲凯、鲁美霞、马玉龙

ж 2018 年度城中村改造先进个人：杨正民、沈方凌

ж 2018 年度"百千万"蹲点调研先进个人：褚梦琪

ж 2019 年度拥江发展行动先进个人：陈松、朱益强、袁淼

ж 2020 年度"两战全胜"先进个人：谢晓芳、周慧洁、郑怡、应宏文

图书在版编目（CIP）数据

杭州市钱江新城建设发展二十周年统计汇编册 / 杭州市钱江新城建设管理委员会编 . — 杭州：浙江工商大学出版社，2022.12
ISBN 978-7-5178-4986-5

Ⅰ . ①杭… Ⅱ . ①杭… Ⅲ . ①城市经济—经济发展—统计资料—杭州 Ⅳ . ① F299.275.51-66

中国版本图书馆 CIP 数据核字（2022）第 097382 号

杭州市钱江新城建设发展二十周年统计汇编册
HANGZHOU SHI QIANJIANG XINCHENG JIANSHE FAZHAN ERSHI ZHOUNIAN TONGJI HUIBIAN CE
杭州市钱江新城建设管理委员会 编

责任编辑	吴岳婷
责任校对	何小玲
封面设计	屈　皓
责任印制	包建辉
出版发行	浙江工商大学出版社
	（杭州市教工路 198 号　邮政编码 310012）
	（E-mail：zjgsupress@163.com）
	（网址：http：//www.zjgsupress.com）
	电话：0571-88904980，88831806（传真）
排　　版	杭州彩地电脑图文有限公司
印　　刷	浙江海虹彩色印务有限公司
开　　本	787 mm × 1092 mm　1/16
印　　张	16
字　　数	238 千
版 印 次	2022 年 12 月第 1 版　2022 年 12 月第 1 次印刷
书　　号	ISBN 978-7-5178-4986-5
定　　价	168.00 元

版权所有　侵权必究
如发现印装质量问题，影响阅读，请和营销与发行中心联系调换
联系电话　0571-88904970